Paracelsus

dargestellt von Udo Benzenhöfer

Rowohlt

rowohlts monographien begründet von Kurt Kusenberg
herausgegeben von Wolfgang Müller und Uwe Naumann

Redaktionsassistenz: Katrin Finkemeier
Umschlaggestaltung: Walter Hellmann
Vorderseite: Paracelsus im 47. Lebensjahr (Ausschnitt). Kupferstich
von AH, 1540 (Graphische Sammlung Albertina, Wien)
Rückseite: «Die Grosse Wundartzney / Das ander Buch», 1537,
Titelblatt (Ernst Kaiser)
Frontispiz: Vier Paracelsus-Porträts: Kupferstich nach zeitgenössischem
Bildnis, aus Joachim von Sandrart, «Teutsche Academie», Nürnberg 1675–79
(oben links); anonymes Gemälde aus dem 17. Jahrhundert nach dem Kupferstich von AH von 1540, Sammlung des Karl-Sudhoff-Instituts in der
Universität Leipzig (oben rechts); zeitgenössische Kopie nach einem
verlorenen Gemälde von Quentin Massys (1466–1530), Paris, Louvre
(unten links); Kupferstich von François Chauveau nach einem Gemälde
von Jacopo Tintoretto, vor 1658, Wien, Österreichische Nationalbibliothek
(unten rechts)

Dieser Band ersetzt die 1969 erschienene Monographie
über Paracelsus von Ernst Kaiser

Originalausgabe
Veröffentlicht im Rowohlt Taschenbuch Verlag GmbH
Reinbek bei Hamburg, November 1997
Copyright © 1997 by Rowohlt Taschenbuch Verlag GmbH
Alle Rechte an dieser Ausgabe vorbehalten
Satz Times PostScript Linotype Library, QuarkXPress 3.32
Gesamtherstellung Clausen & Bosse, Leck
Printed in Germany
1290-ISBN 3 499 50595 9

Inhalt

Vil zeihen mich mit argem wohn/
Als ſolt ein heimlich Geiſt ich han/
Gottes gab all die kunſt iſt mein
Dem Menſchen zu gut bereit allein.
Starb im Jar. 1 5 4 1.

Paracelsus. Holzschnitt von Tobias Stimmer, 1572

Einleitung

Eine Geschichte: Ein potentieller Schüler, auf der Suche nach dem Geheimnis der Alchemie, das zum «Stein der Weisen» führt, kommt zu Paracelsus. Der junge Mann fordert von Paracelsus einen Beweis seiner Kunst. Nach einem längeren Disput wirft der Schüler eine mitgebrachte Rose ins Feuer, sie verbrennt zu Asche. Paracelsus soll die Rose aus der Asche wiederauferstehen lassen. Doch nichts geschieht. Der Schüler ist enttäuscht, er verläßt Paracelsus. Das Ende der Geschichte: «Paracelsus blieb allein. Bevor er die Lampe löschte und sich in den ermatteten Sessel niederließ, nahm er das feine Häufchen Asche in die hohle Hand und sagte mit leiser Stimme ein Wort. Die Rose erstand aufs neue.»[1] Was könnte besser als die köstlich-dunkle Erzählung «Die Rose des Paracelsus» von Jorge Luis Borges zeigen, daß Paracelsus auch im aufgeklärten 20. Jahrhundert noch als überlebensgroße mythische Figur existiert? Weitere Indizien weisen darauf hin, daß er lebendig ist: Es gibt Paracelsus-Straßen, Paracelsus-Apotheken, Paracelsus-Kliniken, Paracelsus-Briefmarken, Paracelsus-Münzen, es gibt den Paracelsus-Intercity, den Paracelsus-Magenbitter und so fort. Eine seiner Aussagen wird – in verkürzter Form – nahezu sprichwörtlich gebraucht: *alle ding sind gift und nichts on gift; alein die dosis macht das ein ding kein gift ist* (11, 138).[2] Allerorten wird er als Autorität genannt, sei es, wenn es um Schulmedizin, sei es, wenn es um Alternativmedizin geht.

Doch was hat es wirklich mit Paracelsus auf sich? War er ein Genie, ein Überarzt, ein Magier, wie seine zahlreichen Anhänger behaupteten und wie auch in der Gegenwart noch behauptet wird? Oder war er nur der Blender, der Scharlatan, der Gernegroß, als den ihn seine fast ebenso zahlreichen Kritiker bezeichneten und noch immer bezeichnen?

Bei genauerem Hinsehen verlieren diese Schablonen für den Historiker rasch ihre Ordnungskraft. Doch wie konnte dann ein solcher Mythos entstehen? Selbst wenn die Entstehung dieses Mythos (wie jedes anderen auch) letzten Endes unerklärbar bleibt, läßt sich dennoch die enorme Wirkung des Paracelsus in gewisser Hinsicht erklären: Jenseits aller Stilisierung durch Anhänger oder Feinde wird für den Historiker ein Leben sichtbar, das bewegt und bewegend war. Und es wird ein Werk erkennbar, das nicht nur im medizinischen Teil, sondern in allen Bereichen, in denen Paracelsus schrieb, vom «Aufstand gegen die Autoritäten» geprägt war. Fragt man nun genauer, weshalb Paracelsus über die Jahrhunderte immer wieder Anhänger fand und nach wie vor findet (dies ist vielleicht die am meisten klärungsbedürftige Frage), so stößt man unweigerlich auf den Mechanismus der Identifikation: Sein abenteuerliches Leben, gekennzeichnet von zahlreichen Auseinandersetzungen, macht ihn als Identifikationsfigur für jeden interessant, der ein ähnliches Schicksal hat (oder zumindest glaubt, es zu haben). Sein «revolutionäres» Werk bietet sich als Folie für jeden an, der sich als «Neuerer» fühlt (dies gilt zum Beispiel sowohl für die «Schulmedizin» als auch für die «Alternativmedizin», ein Sachverhalt, der die seltsame Konstellation der positiven Rezeption des Paracelsus in so verschiedenen Lagern erklären kann). Doch Identifikation ist – ebensowenig wie vernichtende Kritik – keine solide Basis für eine historische Würdigung von Leben und Werk.

Im Hinblick auf die Erforschung des Lebens ist daran zu erinnern, was der verdiente Paracelsus-Biograph Karl Bittel 1943 schrieb: «So bleibt Paracelsus, in streng historischer Prüfung, immer noch – 450 Jahre nach seiner Geburt – nicht nur eine weitgehend unbekannte, sondern auch eine falsch gesehene Gestalt. Angesichts der Fülle von Widersprüchen in den Paracelsusbiographien bis in die jüngste Zeit könnte man meinen, daß die Rekonstruierung eines wahrheitsgetreuen Lebensbildes überhaupt unmöglich geworden sei.»[3] Die Ursachen dafür, so Bittel an anderer Stelle, seien bekannt: «Urkundliches Material fehlt fast vollständig, im zeitgenössischen Spiegel erscheint seine Gestalt widerspruchsvoll verzerrt, und was sich an Überlieferung weitergegeben hat, verwob sich bereits zu Lebzeiten untrennbar mit der Legende.»[4]

Nicht wesentlich besser sieht es bei der «Prüfung» und Einordnung seines Werkes aus. Paracelsus wurde – dies sei nur nebenbei gesagt – immer schon mehr verehrt oder verspottet als gelesen. Dafür sind mehrere Gründe anzuführen: Zum ersten ist das Werk des Paracelsus äußerst umfangreich. Die Sudhoffsche Standardedition der medizinischen, naturkundlichen und philosophischen Schriften umfaßt stattliche vierzehn Bände, die noch nicht abgeschlossene Ausgabe der theologischen Schriften ist ebenfalls auf vierzehn Bände angelegt.

Zum zweiten ist das Werk des Paracelsus zerklüftet, die Überlieferungssituation nur schwer überschaubar. Nur wenige der Texte wurden zu Lebzeiten publiziert. Die meisten wurden erst postum gedruckt, manchmal nach einer in der schwer lesbaren Handschrift des Paracelsus geschriebenen Vorlage, manchmal nach einer nicht unbedingt verläßlichen Abschrift. Viele Texte sind aufgrund mangelnder äußerer oder innerer Kennzeichen nicht sicher datierbar, viele blieben Fragment. Problematisch ist auch, daß nach dem Tode des Paracelsus zahlreiche unechte Schriften unter seinem Namen auftauchten. In einigen Fällen sind diese pseudoparacelsischen Schriften durch Stil- und Inhaltsanalyse sicher identifizierbar, in manchen Fällen ist die Frage der Echtheit oder Unechtheit bis heute jedoch nicht entschieden.

Zum dritten ist das Werk in einer für den heutigen Leser ungewohnten Sprachform, dem sogenannten Frühneuhochdeutschen, verfaßt. Es ist eine noch nicht normierte Sprachform, die sich in Semantik und Syntax vom heutigen Deutsch unterscheidet und nicht einfach zu verstehen ist.

Zu diesen quasi schicksalhaften Faktoren, die Paracelsus nicht anzulasten sind, kommen weitere, die er durchaus selbst zu verantworten hat: Da ist zum einen die Tatsache, daß er seine Texte meist rasch hinwarf. Arbeit am Text, stilistische Formung in humanistischem Geist, das war nicht sein Fall. Zum anderen aber, und dies wiegt weit schwerer, war Paracelsus ein «wilder Denker»: Er dachte nicht systematisch und formulierte oft unpräzis. Nur selten entwickelte er seine Gedanken, das Exempel ersetzte oft eine gezielte Argumentation. Vielfach finden sich widersprüchliche Aussagen oder Inkonsistenzen in seinem Werk. Häufig bleiben seine Texte deshalb unverständlich, vor allem dann, wenn spekulative Themen berührt werden (die von Lesern oft beklagte «Unverständlichkeit» ist sicher nur zum geringen Teil dadurch bedingt, daß Paracelsus bewußt rätselhafte Texte schrieb).

Im folgenden soll nun der Versuch unternommen werden, ein sachlich-nüchternes Paracelsusbild zu zeichnen, das den Ansprüchen historisch-kritischer Forschung genügt. Dabei ist für die Darstellung seines Lebensgangs von Gesichertem auszugehen. Lücken in der Biographie müssen benannt, Ungesichertes muß kenntlich gemacht werden. Und Lücken oder Ungesichertes gibt es – wie zu zeigen sein wird – leider mehr als genug. Bei der Darstellung des Werks ist vor allem darauf zu achten, daß «genau» gelesen wird. Vorschnelle Aktualisierungen und schematische Deutungen sollten vermieden werden.

Trotzdem bleibt zu hoffen, daß die nüchterne Darlegung von Leben und Werk des Paracelsus noch genügend von der Faszination aufscheinen läßt, die seine Gestalt bis heute lebendig hält.

Die Zeit

Das Leben des Paracelsus umfaßt die Jahre von 1493/94 bis 1541. Was war dies für eine Zeit, in die sein relativ kurzes Leben fiel?[5]

Im Jahr 1493, ein Jahr nach der Entdeckung Amerikas, übernahm der 1486 zum König gewählte Habsburger Maximilian die Regierung im Deutschen Reich (1508 ließ er sich zum «Erwählten Römischen Kaiser» ausrufen). 1495 vereinbarte er mit den Reichsständen auf dem Reichstag zu Worms Reformen, die jedoch die Dauerfehde zwischen Kaiser und Ständen nicht zur Ruhe brachten.

Kurz vor der Regierungsübernahme Maximilians, nämlich im Jahre 1486, war erstmals in einem amtlichen Dokument der Begriff aufgetaucht, der die politische Wandlung des Reiches am Eingang der Frühen Neuzeit treffend markiert: Aus dem «Heiligen Römischen Reich» wurde das «Heilige Römische Reich deutscher Nation». Der – in einer ähnlichen, jedoch weniger präzisen Fassung schon einige Jahrzehnte früher nachweisbare – Zusatz «deutscher Nation» fixierte eine veränderte Herrschaftsauffassung: Zwar wurde das Reich noch immer vom römischen Imperium der Antike abgeleitet, zwar sollte es sich dem Anspruch nach weiter in «Heiligkeit» über die anderen Mächte des christlich-katholischen Europas erheben, wurde also dem Wesen nach universal verstanden, doch war nunmehr die nationale Verankerung Bestandteil der Bezeichnung geworden. Die in diesem Begriff zum Ausdruck kommende Tendenz der nationalstaatlichen Sammlung und Sonderung hatte in der Praxis allerdings nur beschränkten Erfolg. Nahezu in allen Grenzgebieten gab es Spannungen und Auseinandersetzungen, so auch in einem für die Biographie des Paracelsus bedeutsamen Gebiet: 1499 war der sogenannte Schwabenkrieg zwischen der schon seit einiger Zeit nach Unabhängigkeit strebenden Eidgenossenschaft und dem Schwäbischen Bund siegreich für die Schweizer beendet worden (Friedensschluß von Basel am 22. September 1499). In der Folge erreichte die Schweiz faktisch die Loslösung vom Reich.

Wie war es um die sozialen Gegebenheiten im deutschsprachigen Raum bestellt? Die Gesellschaft war nach wie vor ständisch gegliedert. Nach wie vor war der Adel der beherrschende Stand. Und nach wie vor

Kaiser Maximilian I.
Kohlezeichnung von
Albrecht Dürer, 1518.
Wien, Graphische
Sammlung Albertina

stellten die Bauern, die zumeist arm waren, die große Mehrheit der Reichsbevölkerung. Mindestens 90 Prozent der Bevölkerung lebten auf dem Lande. Auch der überwiegende Teil der Städte zählte zur Kategorie der Kleinstädte, nur für allenfalls 5 Prozent kann man eine Größe von mehr als zwei- bis dreitausend Einwohnern ansetzen. Keine Stadt war so groß, daß sie dem Lande völlig ferngerückt wäre. Eindeutig waren es die Städte, die die Kraftzentren des Reiches darstellten. In ihnen bildete sich zunehmend bürgerliches Bewußtsein heraus, die Bürger gewannen an politischem Einfluß. In manchen Städten begann um diese Zeit der Frühkapitalismus zu blühen. So fällt zum Beispiel in die zweite und dritte Dekade des 16. Jahrhunderts der Aufstieg der Augsburger Familie Fugger, die als mächtige Bankiers bestimmend in die große Politik eingreifen konnten.

Trotz der in einigen Bereichen sich abzeichnenden Säkularisierung war um 1500 immer noch die Kirche die Kraft, die das Leben der Individuen und der Gesellschaft am nachhaltigsten bestimmte. Sie regierte das Leben, sie vermittelte das ewige Heil, sie verwaltete die Wahrheit. Nur wenn man dies berücksichtigt, ist zu verstehen, warum sich aus den anfänglich nur kirchenkritischen Äußerungen des Wittenberger Augustinermönchs und Theologieprofessors Martin Luther so rasch die Reformation entwickeln konnte, die immense politische und gesellschaftliche Folgen zeitigen sollte.

Bevor auf die Reformation näher eingegangen wird, seien hier einige Bemerkungen zum Humanismus und zur Renaissance-Bewegung eingeflochten, die um 1500 einflußreich waren, auch wenn zum Beispiel an den Universitäten die scholastische Tradition des Mittelalters durchaus fortbestand.[6]

Der Humanismus entstand in Italien im Zuge der Entwicklung der Studienfächer, die man später «Studia humanitatis» nannte, nämlich Grammatik, Rhetorik, Poesie, Geschichte und Moralphilosophie, wobei vor allem das Studium der antiken griechischen und römischen Autoren im Vordergrund stand. Im Land dieser humanistischen Bemühungen wurden im 14. und im 15. Jahrhundert die traditionellen Fächer in vielfacher Weise beeinflußt: So hob man in der Theologie das Studium der Bibel und der Kirchenväter hervor, in der Philosophie wurde Aristoteles neu übersetzt und kommentiert, in der Jurisprudenz wurde das römische Corpus iuris neu interpretiert, und in der Medizin und in der Mathematik wurden bislang unbeachtete antike Quellen herangezogen. Aus Italien gelangte der Humanismus dann auch nach Deutschland. Auch wenn man sich vor Generalisierungen hüten muß, so trifft zumindest für den Erzhumanisten Petrarca (1304–1374) das Wort Jacob Burckhardts zu, der die Geisteshaltung des Renaissance-Humanismus mit der Formel von der «Entdeckung der Welt und des Menschen» charakterisierte. Der sich seiner selbst bewußt gewordene Geist sah nicht nur den Menschen als geschichtliches Wesen unter einer neuen Perspektive, sondern auch die Natur. Das Wissen erhielt so einen neuen Stellenwert für die menschliche Existenz.

Die vielfältigen Bezüge der humanistischen Bewegung zur sogenannten Renaissance können hier nur angedeutet werden. Als Beispiel für einen dem Frühhumanismus verpflichteten Renaissance-Gelehrten um 1500 sei auf Erasmus von Rotterdam (1466/1469–1536) verwiesen. Erasmus, der sich im Zuge seiner humanistischen Studien auch auf theologisches Gebiet vorwagte, lehrte, daß das Christentum eine einfache Religion sei, die bei den Menschen auf persönliche Konsequenzen abziele, und daß die Menschen – am Vorbild Christi orientiert – aufrichtig und sittenrein leben sollten. Oft klang in seinen Schriften Kirchenkritik an, doch war damit nie ein umstürzender Angriff auf das kirchliche System verbunden. Erasmus war ein Mann des Ausgleichs. Er blieb daher den Bestrebungen Luthers gegenüber skeptisch, ja feindlich eingestellt.

Zur Renaissance im umfassenden Sinn ist auch der italienische Neuplatonismus zu rechnen. Dabei ist etwa an Marsilio Ficino und Giovanni Pico della Mirandola zu erinnern, deren Werk – nicht zuletzt durch die Vermittlung von Johannes Reuchlin – auch in den deutschsprachigen Raum ausstrahlte.[7]

Francesco Petrarca.
Gemälde von Justus van Gent,
nach 1470; aus einer Serie
der «Uomini illustri».
Urbino, Palazzo Ducale

Marsilio Ficino. Ausschnitt aus einem
Fresko von Domenico Ghirlandaio.
Florenz, Santa Maria Novella

Giovanni Pico della
Mirandola. Holzschnitt
von Tobias Stimmer aus
«Elogia virorum literis
illustrium» von Paolo
Giovio, Basel 1577

Der Florentiner Arzt-Philosoph Marsilio Ficino (1433–1499), der u. a. als Übersetzer hermetischer Schriften und als Platon-Kommentator bekannt wurde, legte in seinem 1482 gedruckten Hauptwerk «Theologia platonica» ausführlich seine Weltsicht dar. Demnach ist die Welt geschichtet. Gott, als das Eine und das Gute, teilt seine Ideen durch die Weltseele dem Universum mit, das von einer Vielzahl von ideellen und realen Zwischenwesen bevölkert wird. Als Vermittler zwischen den kosmischen Polen Gott und Materie oszilliert die menschliche Seele, die sowohl auf die Welt herabsinken als auch zur Erkenntnis Gottes aufsteigen kann. Das Wissen um diese Erkenntnis verleiht der Menschenseele Selbstbewußtsein und eine gewisse Macht.

Unter Aufnahme von Ideen Ficinos und unter Einbeziehung kabbalistischen Gedankenguts stellte Giovanni Pico della Mirandola (1463–1494) dann vor allem in seinem Hauptwerk «Heptaplus» von 1489 den Kosmos als in eine elementare, himmlische und göttliche Welt unterteilt vor, wobei die Sphären als dynamisch miteinander verbunden gedacht wurden. Der Mensch ist nach Pico als Mikrokosmos nicht nur passiver Träger der Welteigenschaften, sondern er ist auch befähigt, aktiv zu handeln und zu erkennen: Er besitzt die grundsätzliche Freiheit der Entscheidung, seine Seele mit Gott zu vereinigen. Sowohl in der Konzeption Ficinos als auch in der Picos wurde somit die Stellung des Menschen in der Hierarchie des Kosmos im Vergleich zu mittelalterlichen Entwürfen bedeutend aufgewertet.

Nach diesem Exkurs in die Geistesgeschichte sei nun näher auf die Reformation eingegangen. Ihr Beginn wird üblicherweise mit dem Jahr 1517 angesetzt, als Martin Luther (1483–1546) seine 95 lateinischen Thesen gegen den Ablaßhandel verbreiten ließ. Luther war schon zuvor in der Theologie eigene Wege gegangen, bei der Paulus-Interpretation arbeitete er seinen zentralen Grundsatz heraus, daß Gottes Gerechtigkeit dem Glaubenden als Gnade zuteil wird. Mit der Verbreitung der 95 Thesen verließ er nun aber den Rahmen der kircheninternen Diskussion. Der Fall Luther wurde zum Politikum. Das «neue Medium» der politischen Flugschrift verbreitete die Kunde von dem seit 1518 gegen Luther geführten Ketzerprozeß, seiner Disputation mit Johannes Eck (1520), seiner Weigerung, auf dem Reichstag zu Worms 1521 seine Lehre zu widerrufen, der «Haft» und der Bibelübersetzung auf der Wartburg (1521/22), und gewann in größerem Maße Anhänger für die Sache Lu-

Martin Luther. Gemälde
von Lucas Cranach d.Ä.,
1526. Paris, Privatbesitz

Erhebung der Bauern, Kampf gegen Papsttum und Mönchtum. Holzschnitt von 1522

thers. Es entstand eine breite Bewegung mit sehr unterschiedlichen Zielen.

Während sich die Reformation zuerst weitgehend unblutig vor allem in den freien Reichsstädten durchsetzte (bis 1525 waren beispielsweise Bremen, Magdeburg, Breslau, Nürnberg, Konstanz und Straßburg «reformiert»), forderte in den Jahren 1524–26 der sogenannte Bauernkrieg vor allem im Süden Deutschlands einen hohen Blutzoll. Die Bauern (und andere Gruppen der Unter- und Mittelschicht) erhoben sich gegen die drückende Steuerlast und die dauernde Entrechtung durch Fron und Leibeigenschaft. Daß man bei den Beschwerden das «göttliche Recht» geltend machte, schuf Verbindungen zur Reformation. Die Haltung Luthers zu dem Aufstand ist so bekannt wie die blutige Niederlage der Bauern. Der Theologe Thomas Müntzer, der im schroffen Gegensatz zu Luther die Aufständischen unterstützte, wurde 1525 gefangengenommen und enthauptet.

Nach den Reichstagen von Speyer (1526 und 1529) und Augsburg (1530) breitete sich die Reformation weiter aus. 1531 schlossen sich die protestantischen Reichsstände, wie sie nun genannt wurden, unter Führung

Kursachsens und Hessens zum Schmalkaldischen Bund zusammen. In diesem Jahr 1531 erlitt die Reformation in der Schweiz, die hier 1518 in Zürich ihren Anfang genommen hatte, einen erheblichen Rückschlag, als der Züricher Reformator Ulrich Zwingli in der Schlacht von Kappel im Kampf gegen die Truppen der katholischen Urkantone getötet wurde.

Die Lage im Reich hatte sich inzwischen grundlegend geändert. Nach dem Tode Maximilians Anfang 1519 hatte dessen Enkel Karl, seit 1516 König von Spanien, die Regierung in den habsburgischen Erblanden übernommen. Nach einem harten Wahlkampf siegte er über den von Papst Leo X. unterstützten französischen Rivalen Franz I. und wurde noch 1519 als Karl V. zum Kaiser gewählt, empfing die Krone aus der Hand des Papstes allerdings erst 1530. Angesichts der sogenannten Türkengefahr, die Truppen des Osmanischen Reiches waren 1529 bis Wien vorgedrungen, mußte der Kaiser auf einer Reichsversammlung 1532 in Nürnberg den protestantischen Ständen einen befristeten Religionsfrieden gewähren (Nürnberger Anstand).

Doch die konfessionellen Spannungen blieben bestehen. Um 1535 besaß nur eine Minderheit der Deutschen ein klares Bewußtsein der Zu-

Kaiser Karl V. Gemälde von Christoph Amberger, 1532

gehörigkeit zu einer Konfession. Weit fortgeschritten war die Spaltung jedoch im politischen Bereich. Ein Kernbestand protestantischer Territorien war 1531 erkennbar, der das Kurfürstentum Sachsen, die Landgrafschaft Hessen, die fränkischen Markgrafschaften und das Herzogtum Braunschweig-Lüneburg umfaßte; Pommern und Württemberg kamen 1534 hinzu. Außerhalb der eigentlichen Reichsgrenzen waren das Herzogtum Preußen sowie in der Eidgenossenschaft die umfangreichen Territorien der Städte Zürich und Bern und ein kleiner Teil der Ostschweiz protestantisch geworden. Zu den protestantischen Gebieten zählten im Reich aber auch kleinere Herrschaften und viele Reichsstädte. In einigen Gebieten (so in der Kurpfalz) waren die Verhältnisse noch unentschieden, in anderen herrschte eine altgläubige Obrigkeit weitgehend über protestantische Untertanen (wie zum Beispiel in weiten Teilen Oberösterreichs, in der Steiermark usw.). Doch standen diesen mehr oder weniger protestantischen Territorien zahlreiche mit altgläubigen Regierungen gegenüber. Der politische Kampf um die Religion hatte erst begonnen. Wichtig für die Folgezeit war, daß sich 1538 mit der Bildung eines Bundes katholischer Reichsstände als Gegengewicht zum Schmalkaldischen Bund die politische Gegenreformation formierte. Auf dem Reichstag zu Regensburg 1541 wurden dann die Glaubensgegensätze erst einmal festgeschrieben, eine Einigung über Streitfragen konnte nicht erzielt werden.

Unzweifelhaft war es eine politisch und geistig unruhige Zeit, in die Paracelsus hineingeboren wurde, und seinen Lebensweg begleiteten die Zeichen eines sozialen, politischen und geistigen Umbruchs, der eine neue Zeit ankündigte.

Herkunft und Kindheit

Die in der Einleitung zitierte Aussage des Paracelsus-Forschers Karl Bittel von dem weitgehend unbekannten Lebensgang gilt besonders für den «jungen» Paracelsus. So ist trotz aller Nachforschungen sein genaues Geburtsdatum nicht bekannt. Nur soviel ist zu erschließen, daß er entweder 1493 oder 1494 geboren wurde. Dies ergibt sich durch eine einfache Rückrechnung: Auf dem Kupferstich des Monogrammisten AH von 1538 wird Paracelsus nach der Bildunterschrift «im Alter von 45 Jahren» gezeigt (vgl. S. 100). Dasselbe Ergebnis erhält man, wenn man von dem zweiten Stich des AH aus dem Jahre 1540 ausgeht, auf dem Paracelsus «im Alter von 47 Jahren» festgehalten ist (vgl. S. 107). Alle Angaben über bestimmte Geburtstage, die man in der Literatur findet, müssen dagegen als ungesichert beurteilt werden.[8]

Außer Zweifel steht nur die Tatsache der Geburt in Einsiedeln bzw. bei Einsiedeln im Kanton Schwyz. Paracelsus bezeichnete sich selbst in

Das «Kulturdreieck»: Basel, Konstanz, St. Gallen

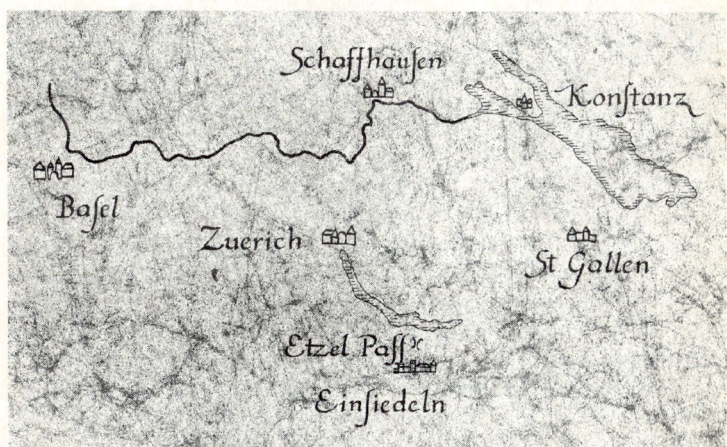

Einsiedeln. Ausschnitt aus einem Holzschnitt von 1577

der *Großen Wundartzney* (1536) als *von Einsidlen, des lants ein Schweizer* (10, 199).

Problematisch wiederum ist die genaue Bestimmung des wirklichen Namens des Mannes, der später als Paracelsus berühmt wurde. Ein Aktenstück über den Taufnamen existiert nicht. Der auch heute noch häufig kolportierte «vollständige» Name Philippus Aureolus (oder Aureolus Philippus, die Reihenfolge variiert) Theophrastus Bombast von Hohenheim, genannt Paracelsus, ist zu Lebzeiten nicht belegt.

Der am häufigsten in Briefen, Urkunden und Zeugnissen überlieferte und daher als gesichert anzunehmende Name lautet «Theophrastus von Hohenheim». Dabei ist unbedingt festzuhalten, daß als Rufname immer die Form Theophras<u>tus</u> erscheint.[9] Die heutzutage von den meisten Forschern benutzte Kurzform Theophrast ist meines Wissens zu Lebzeiten nicht dokumentiert.

Gelegentlich unterzeichnete Paracelsus auch mit dem Namen «Theophrastus Bombast» (in lateinischen Texten: «Bombastus») von Hohenheim. Er führte also den Namen des altschwäbischen Rittergeschlechts der Bombaste von Hohenheim, deren Stammsitz man unweit des heutigen Schlosses Hohenheim, südlich von Stuttgart, vermutet.[10]

Die Hohenheimer gehörten ursprünglich als Ritter zum lehensabhängigen Niederadel. Der letzte der Bombaste (auch Banbaste, Bonbaste), der noch auf Hohenheim saß, war Ritter Hans Bombast von Hohenheim, der zwischen 1432 und 1436 auf den reichsunmittelbaren Herrensitz Riet (unweit von Vaihingen an der Enz) übersiedelte. Im Schiff der kleinen Kirche in Riet fand sich der Grabstein wohl dieses Hans Bombast und seiner Ehefrau, wobei die Grabplatte das Wappen der Bombaste von Hohenheim mit den drei Kugeln zeigt, das auch Theophrastus später verwandte.[11] Ein Sohn des Hans Bombast mit Namen Wilhelm (wahrscheinlich der Onkel von Paracelsus' Vater) übernahm später den Herrensitz Riet. Ein weiterer Sohn des Hans Bombast, Georg Bombast von Hohen-

Grabplatte von Hans Bombast
von Hohenheim mit dem Wappen der
Bombaste von Hohenheim, um 1460.
Kirche von Riet (bei Vaihingen/Enz)

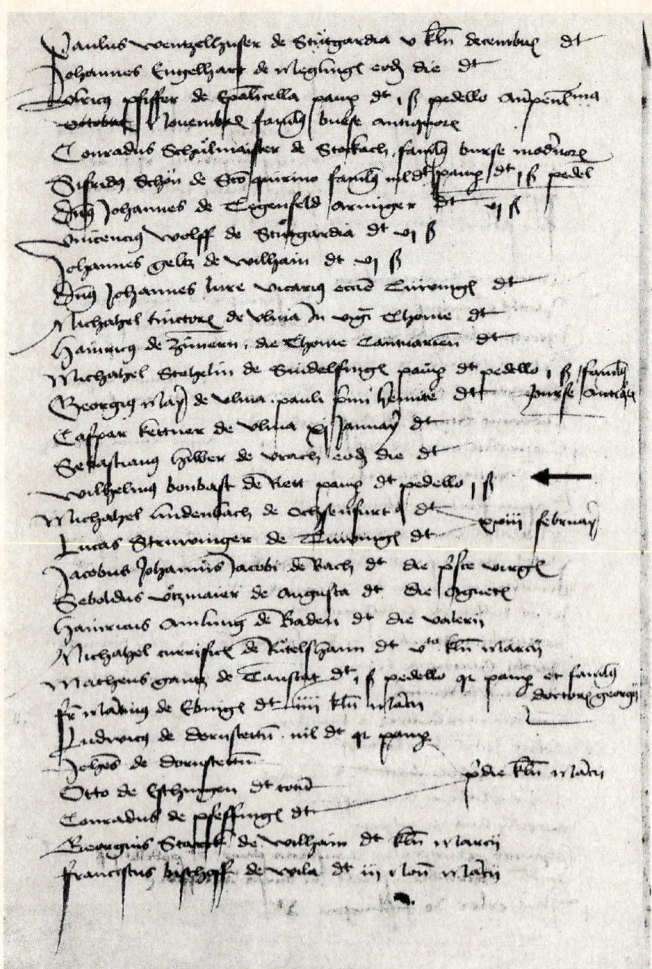

Auszug aus der Tübinger Universitätsmatrikel von 1482 mit dem Eintrag
«Wilhelmus Bonbast de Riett» (Pfeil)

heim, blieb ohne Anteil am Familienbesitz. Georg von Hohenheim, der
von 1453 bis 1499 als Johanniterkomtur zu Rohrdorf bei Nagold erwähnt
wird, ist wohl der Großvater des Paracelsus, denn dieser hohe Ordensrit-
ter hatte einen Sohn namens Wilhelm, der 1457 zu Rohrdorf unehelich
geboren wurde. Er ist mit einiger Sicherheit der Vater des Paracelsus. Bittel wies auf die Möglichkeit hin, daß der unehelich geborene Wilhelm in

der Familie seines Namensvetters und Onkels in Riet aufgewachsen sein könnte.[12] Damit wäre die Verbindung zu einem Quellenbeleg hergestellt, der – wenn auch nicht mit letzter Sicherheit, so doch mit einiger Wahrscheinlichkeit – auf den Vater des Paracelsus zu beziehen ist: Unter dem 11. Januar 1481 ist ein «Wilhelm Bonbast de Riett» als Armer mit reduzierter Studiengebühr in die Matrikel der Universität Tübingen eingetragen worden. Das Fach ist nicht notiert.[13] Es spricht zumindest nichts dagegen, hinter diesem Studenten den späteren Vater des Theophrastus zu vermuten.

Bevor näher auf die Familie einzugehen ist, sei die Betrachtung der «übrigen» Namen des Paracelsus fortgesetzt.

Paracelsus selbst nannte sich mehrfach «Aureolus». Der wohl früheste Beleg ist im *Paragranum* von ca. 1530 zu finden: *Es würd ein lange rede brauchen, lauter und klar zu entdecken, wie weit der Aristotelischen, stoischen, Platonischen philosophei hie gegen der meinen ston, auch Tirthemii Theophrasti gegen mir Aureolo Theophrasto* (8, 72). Mit Tirthemius Theophrastus ist hier der besonders als Botaniker berühmte Aristoteles-Schüler Tyrtamos von Eresos, bekannter unter dem Namen Theophrastos von Eresos, gemeint. An ihn sollte nach gängiger Darstellung auch der ungewöhnliche Vorname Theophrastus erinnern. Doch muß bei dieser wie bei anderen Stellen – der Name «Aureolus» wurde von Paracelsus offensichtlich gehäuft in den späten dreißiger Jahren des 16. Jahrhunderts angeführt – offenbleiben, ob er tatsächlich Bestandteil des Taufnamens oder nicht doch nur ein angenommener Name war.[14]

Der Name «Philippus», den Paracelsus selbst nie geführt hat, findet sich erstmals auf dem Salzburger Grabstein. Über seine Authentizität können nur Vermutungen angestellt werden. Vielleicht, so die Annahme Bittels, wurde er bei den Nachlaßverhandlungen als Taufname eruiert.[15] Als gesichert kann er jedoch nicht gelten.

Zum Namen «Paracelsus», unter dem Theophrastus Bombast von Hohenheim heutzutage bekannt ist, sei vermerkt, daß er zuerst im Zusammenhang seiner astrologisch-prognostischen Schriften auftaucht. Wer diesen Namen geprägt hat, der Bezeichnete selbst, trinkfreudige Kumpane oder ein geschäftstüchtiger Verleger, ist nicht bekannt.[16] Auch seine genaue Bedeutung ist nicht endgültig erschlossen. Auffällig ist, daß der Name kein eigentliches Pseudonym darstellt, denn in den frühen astrologisch-astronomischen Schriften von 1529/30 erscheint er nicht isoliert, sondern als Beiname. Auf dem Titelblatt der ersten prognostischen Schrift von 1529 ist etwa zu lesen *Practica D. Theophrasti Paracelsi, gemacht auff Europen [...]*. 1530 heißt es auf dem Titelblatt der nächsten Schrift: *Wunderbarer und mercklicher Geschichten, so in vier Jaren nach einander [...]. Prognostication. Theophrasti Paracelsi.* In diesen Werken taucht der Name «Hohenheim» nicht auf. Spätestens mit der Schrift *Von dem Bad Pfeffers* (wohl Zürich 1535) war das Halb-Pseudonym jedoch

«Practica [...] gemacht auff
Europen», 1529, Titelblatt

auflösbar: Hier wird der Autor auf dem Titelblatt als «Theophrastus Paracelsus» ausgewiesen, die Vorrede ist mit «Theophrastus von Hohenheim» unterzeichnet. Auf dem Titelblatt der *Großen Wundartzney* von 1536 heißt es dann explizit: *Theophrastus von Hohenheim, genant Paracelsus.* Daß «Hohenheim» und «Paracelsus» meines Wissens zu Lebzeiten nie in direkter Verbindung vorkommen (zum Beispiel als «Theophrastus Paracelsus von Hohenheim»), könnte ein bislang unbeachtetes Indiz dafür sein, daß Paracelsus – wie schon viele Forscher vermuteten – ursprünglich eine Art Humanistennamen darstellt, und zwar ein gräkolatinisiertes «Hohenheim»: «para» = bei; «celsus» = hoch. Daß der Name «über Celsus hinaus» bedeuten könnte, wie man früher annahm, ist eher unwahrscheinlich. Zum einen würde dies als Pseudonym für prognostische Schriften keinen Sinn ergeben. Zum anderen würdigte Paracelsus den römischen Enzyklopädisten Aulus Cornelius Celsus, der auch Bücher über medizinische Themen schrieb, an keiner Stelle seines Werkes mit auch nur einem Wort; daß er in ihm ein zu übertreffendes Vorbild sehen wollte oder daß seine Umgebung ihn an Celsus maß, ist also nicht plausibel. Auf jeden Fall erinnert der Name an das von Paracelsus gerne an prominenter Stelle gebrauchte Präfix «para» [17]: Schon in der Zeit um 1524/25 verwies er in theologischen Texten auf seine *paramirischen schriften*; spätere Werktitel lauten *Paramirum* und *Paragranum*.

Zurück zur Familie. Vom Vater des Paracelsus, Wilhelm Bombast v Hohenheim, sind nur wenige Lebensspuren zweifelsfrei dokumenti So ist bekannt, daß er das Studium der Medizin mit dem Erwerb de tels eines «Lizentiaten der Arznei» abschloß. Dies geht aus dem sogenannten Kundschaftsbrief über den Tod des Vaters am 8. September 1534 hervor, den Paracelsus sich am 12. Mai 1538 in Villach (Kärnten) ausstellen ließ.[18] Der Titel eines Lizentiaten war dem Doktortitel in bezug auf die akademischen Meriten nahezu gleichgestellt, doch war er durch niedrigere Gebühren und die entfallende Promotionsfeier wesentlich günstiger zu erwerben als der Doktortitel. Im Kundschaftsbrief heißt es auch, daß der Vater während seines zweiunddreißigjährigen Wirkens in Villach nicht Vollbürger, sondern nur «Inwohner» mit entsprechend verminderten Rechten geworden war, was wohl in seiner unehelichen Geburt begründet lag.

Über die Mutter des Theophrastus weiß man kaum etwas. Michael Toxites, der Herausgeber des Testaments des Paracelsus, betonte 1574, der Lizentiat Wilhelm Bombast habe sich «zu Einsidlen verheurat mit einer ehrlichen Person – dem Apt daselbst, oberkaiten halben zugehörig –, mit welcher er Theophrastum Paracelsum im ehelichen standt erzeuget hat.» [19] Die namentlich nicht bekannte Mutter des Paracelsus war also eine Leibeigene des Benediktinerstifts zu Einsiedeln.[20] Da das Kind nach dem Recht der Zeit der «schwächeren Hand», das heißt der Mutter, folgte, war Theophrastus ebenfalls zeit seines Lebens Leibeigener des Stifts.[21] Dies wird auch durch die Tatsache bestätigt, daß nach seinem Tod das wertvollste Kleinod aus seinem Besitz – das sogenannte Besthaupt, in diesem Fall ein silberner Becher – rechtmäßig an den Abt von Einsiedeln fiel. In der Empfangsquittung über dieses «Besthaupt», die der Vertreter des Abtes von Einsiedeln am 8. Dezember 1541 in Salzburg unterzeichnete, findet sich der einzige gesicherte Hinweis auf die Familie der Mutter.[22] Paracelsus hatte in seinem Testament u. a. seine Verwandten in Einsiedeln mit einem Legat bedacht. Der Vertreter des Abtes, ein Peter Wessener, Gotteshausmann zu Einsiedeln, nahm auch die der Verwandtschaft zugedachte Geldsumme in Empfang. In der Quittung bezeichnete sich Wessener explizit als «Vetter» des Theophrastus.[23] Über den Namen Wessener ist nun eine Verbindung zu einer Lokaltradition herzustellen, die im 18. Jahrhundert in Einsiedeln schriftlich fixiert wurde.[24] Danach war ein Mitglied der Familie Grätzer (Gretzer) um 1700 verspottet worden, weil in seinem Hause einst der Goldmacher Theophrastus von Hohenheim gewohnt habe. Dieses Haus am alten Kirch-

Das Haus unmittelbar rechts neben der Teufelsbrücke bei Einsiedeln ist – allerdings nur der Legende nach – die Geburtsstätte des Paracelsus

gänger-Fußweg nach Untersiten (Dorf Egg) unweit der sogenannten Teufelsbrücke wurde Jahrzehnte später abgerissen. Es lag wohl in der Liegenschaft Küelwisli, Besitzer war um 1501 ein Uli Grätzer. Andere Quellen erhellen, daß Wessner (Wessener) ein sogenannter Haus- bzw. Beiname der Familie Grätzer war, der zu dieser Zeit mehrere Güter in der Gegend von Einsiedeln gehörten. So besaß um 1501 ein Küni (Konrad) Wessner zwei Liegenschaften im Etzelgebiet bei Einsiedeln östlich des Küelwislis. Das Geburtshaus des Paracelsus ist demnach, wenn auch nicht mit letzter Sicherheit lokalisiert, in der Nähe der über die Sihl führenden Teufelsbrücke im Raum Küelwisli anzunehmen. Die sogenannte Geburtsstätte direkt an der Teufelsbrücke, die heute von Paracelsusfreunden gerne besucht wird, war aber mit einiger Sicherheit nicht der Ort, an dem das Geburtshaus stand.

Die Kindheit des Paracelsus war hart, er sagte selbst, daß *wir in armut und hunger unser jugent verzert haben* (13, 249). Auf die Kindheit in der Schweiz ist wohl auch die Stelle aus den *Sieben Defensiones* zu beziehen, wo es heißt: *von der natur bin ich nicht subtil gespunnen, ist auch nicht meins lants art, das man was mit seidenspinnen erlange. wir werden auch nicht mit feigen erzogen, noch mit met, noch mit weizenbrot, aber mit kes, milch und haberbrot: es kan nicht subtil gesellen machen* (11, 151). Der weitere Lebensgang des Paracelsus könnte als durchgängige Bestätigung der Aussage gelten, daß er nicht *subtil gespunnen* war.

Jugend und Ausbildung

Die Familie Hohenheim lebte nicht lange in bzw. bei Einsiedeln. Schon um 1502 traf Theophrastus mit dem Vater in Villach ein. Dieses Datum ergibt sich aus dem obenerwähnten Kundschaftsbrief, wo es heißt, daß der am 8. September 1534 verstorbene Vater «unzweifelhaft 32 Jahre lang» in Villach gelebt habe.[25] Über den Verbleib der Mutter ist nichts bekannt. Vielleicht ist der Weggang des Vaters aus Einsiedeln, der auch schon vor 1502 stattgefunden haben kann, denn der Weg nach Villach war lang und beschwerlich, mit den Auseinandersetzungen zwischen dem Schwäbischen Bund und der Schweiz in Verbindung zu bringen.[26] Die nach Selbständigkeit strebenden Schweizer fühlten sich durch den vom Hause Habsburg unterstützten Schwäbischen Bund bedroht. Im Februar 1499 zog ein Schweizer Heer über den Rhein und schlug im «Schwabenkrieg» die deutschen Landsknechte unter Georg von Frundsberg. Diese Auseinandersetzungen können durchaus – auch wenn hierfür bislang Belege fehlen – zu einer unerträglichen Situation für den «Schwaben» in der Schweiz geführt haben.

Auf jeden Fall verbrachte Paracelsus einige Jahre seiner Kindheit in Kärnten, denn er bezeichnete das Erzherzogtum nach dem Land seiner Geburt, nach der Schweiz also, als *das ander mein vaterlant* (11, 4). Merkwürdigerweise gibt es über seine Schulbildung keine sicheren Nachrichten. Daß er die Klosterschule in St. Paul im Lavanttal (Kärnten) besucht habe, ist eine bloße Vermutung.[27]

Über seine Lehrer und seine Bildung gibt eine Stelle in der *Großen Wundartzney* von 1536 Auskunft: *von kintheit auf hab ich die ding getriben und von guten underrichtern gelernet, die in der adepta philosophia die ergründesten warent und den künsten mechtig nach gründeten. erstlich Wilhelmus von Hohenheim, meinen vatter, der mich nie verlassen hat, demnach und mit sampt im ein große zal, die nit wol zu nennen ist, mit sampt vilerlei geschriften der alten und der neuen von etlichen herkomen, die sich groß gemühet habent, als bischof Scheit von Settgach, bischof Erhart und sein vorfaren von Lavantall [sic], bischof Nicolaus von Yppon, bischof Mattheus Schacht sufraganus Phreisingen und vil ept [Äbte], als von Spanheim und dergleichen mer, und vil under den anderen doctorn*

Villach. Kupferstich von Anton Trost, 17. Jahrhundert

und dergleichen. auch so ist ein große erfarnus beschehen und ein lange
zeit her durch viel alchimisten die in solchen künsten gesucht haben, als
nemlich der edel und fest Sigmund Füger von Schwaz mit sampt einer an-
zal seiner gehaltnen laboranten (10, 354).

Der Text ist nicht ganz eindeutig formuliert. Umstritten ist in der Forschung vor allem, ob die Genannten durchweg als persönliche Lehrer
oder nur als Lehrer im übertragenen Sinn (Autoren gelesener Werke)
gelten können. Die vier namentlich erwähnten Bischöfe jedenfalls erweisen sich als Persönlichkeiten, denen Paracelsus durchaus begegnet
sein kann.[28]

Bischof Matthias Scheit von Seckau (ca. 1440–1512), ein gebildeter
Mann mit einer wertvollen Bibliothek, war von 1481 an Bischof des Salzburger Eigenbistums Seckau. Nach langwierigen Auseinandersetzungen
mit dem Salzburger Metropoliten und mit dem eigenen Domkapitel, in
deren Verlauf er mehrmals gebannt wurde, mußte er 1502 zurücktreten,
übernahm jedoch nach dem frühen Tod seines Nachfolgers im selben
Jahr noch einmal das Bischofamt. Er verstarb 1512 auf seiner Lieblings-
residenz Schloß Wasserberg bei Knittelfeld (Steiermark). Da von Scheit

keine Schriften bekannt sind, kommt in seinem Falle wohl nur persönliche Belehrung des Paracelsus in Frage. Es gibt sogar eine Möglichkeit, die die Verbindung Scheits zu Paracelsus plausibel machen kann: Vor seiner Bischofszeit hielt sich Scheit in Schwaben auf. Er hatte Zehntanteile in Altböckingen bei Heilbronn, die Graf Ulrich von Württemberg als Lehensherr 1473 an einen gewissen Wilhelm Bombast von Hohenheim weiterverlieh. Dieser Wilhelm Bombast (nicht identisch mit dem Vater) zählte sicherlich zur Verwandtschaft des Paracelsus. Es wäre nicht ungewöhnlich gewesen, wenn Vater und Sohn Hohenheim nach dem Verlassen Einsiedelns zunächst den der Familien bekannten Bischof in Seckau aufgesucht hätten.[29]

Bei dem an zweiter Stelle genannten Bischof handelt es sich um Erhard Baumgartner von Lavant, der von 1487 bis zu seinem Tode im Jahre 1508 Bischof dieser kleinen Kärntner Diözese war. Baumgartner, dem Reformflügel der katholischen Kirche zuzuordnen, ging u. a. gegen Aberglauben und kirchliche Mißstände vor. Wer allerdings die von Paracelsus erwähnten «Vorfahren vom Lavanttal» gewesen sein könnten, ist völlig unklar. Nach damaligem Sprachgebrauch waren damit eigentlich die Vorgänger Baumgartners auf dem Bischofsstuhl angesprochen, von denen jedoch nur einer (Johannes Roth, Bischof von Lavant 1468–1482, anschließend bis zu seinem Tode 1506 in Breslau ansässig) als persönlicher Lehrer des Paracelsus in Frage käme.

Als dritter «Lehrer» ist Nikolaus Kaps, Bischof von Hippo, zu identifizieren. Kaps, ein Franziskaner, der 1491 in Rom zum Bischof geweiht wurde, fungierte als Weihbischof von Gurk und Passau (1493–98) und nahm 1495 ein Lehramt an der Wiener Universität wahr. Nach Auseinandersetzungen mit dem neuen Gurker Koadjutor, dem Salzburger Erzbischof Matthäus Lang, zog er sich nach Salzburg zurück, wo seine Anwesenheit von 1505 bis zu seinem Tod im März 1512 bei Weihehandlungen belegt ist.

Als letzten bischöflichen Lehrer erwähnt Paracelsus Matthias Schach. Schach war Prior des Kartäuserklosters Prüll bei Regensburg und als Titularbischof von Salona Weihbischof und Koadjutor des Freisinger Bischofs Philipp von der Pfalz. Schach verstarb 1515.

Mit dem Abt von «Spanheim» ist wohl Johannes Trithemius (gestorben 1516), Abt von Sponheim, seit 1506 Abt von St. Jakob bei Würzburg gemeint. Er stand – wie Paracelsus später auch – in dem Ruf, ein «Magier» zu sein. Bei ihm ist besonders umstritten, ob persönliche oder nur literarische «Lehr»-Beziehungen bestanden.

Am Ende der Aufzählung wird noch der alchemistisch tätige Sigmund Füger aus Schwaz genannt. Füger (oder Fieger) zählte von 1511 bis 1529 zu den Schwazer Großgewerken, die dort am Falkenstein vor allem Silber erzeugten.[30] Er kann deshalb sicher nicht mehr zu den frühen Lehrern gerechnet werden und steht wohl nicht ohne Grund an der letzten Stelle der Liste. Für ihn wie für alle anderen «Lehrer» des Paracelsus gilt jedoch, daß die Frage nach der Art und der Zeit der Verbindung mit dem «Schüler» noch der Klärung harrt.

Studien- und Wanderjahre

Erstaunlicherweise ließ sich bisher nicht ermitteln, wann und wo Paracelsus sein Studium aufnahm; noch konnte sein Name in keiner Hochschulmatrikel nachgewiesen werden. Zweifel an seiner Hochschulbildung sind deshalb jedoch nicht angebracht. In der *Großen Wundartzney* schrieb er selbst: *hab also die hohen schulen erfaren lange jar bei den Teutschen, bei den Italischen, bei den Frankreichischen und den grunt der arznei gesucht* (10, 19). Jedenfalls schloß er das Studium (nach seiner eidesstattlichen Aussage bei einem Verhör am 21. Mai 1527 in Basel) mit der Promotion zum Dr. med. in Ferrara ab.[31] Wann diese Promotion erfolgte, ist nicht bekannt. Die notariellen Aktenstücke, die eine Promotion bezeugen, sind zu Anfang des 16. Jahrhunderts für Ferrara nur sehr lückenhaft erhalten, die wenigen erhaltenen Stücke sagen nichts über Paracelsus. Man kann daher nur vorsichtig die Zeit um 1515 als Zeitpunkt für die Promotion ansetzen. Ob Paracelsus in Ferrara tatsächlich den Unterricht von Johannes Manardus genoß, wie aus der Erwähnung dieses berühmten Professors im Widmungsbrief Wolfgang Talhausers an Paracelsus in der *Großen Wundartzney* von 1536 häufig geschlossen wurde, ist ungewiß («dan was und wie vil er Manardus umb gemeinen nuz der arznei halben sich bemühet, die irrtumb auszureiten, nützlichers anzeigende, ist es doch alles dem merern teil der vermeinten arzet ein gespötte und verachtung gewesen»; vgl. 10, 12). Manardus war von Ende 1513 bis 1519 nicht in Ferrara, seine Lehrtätigkeit dort nahm er erst 1522 wieder auf.[32]

Auch die sogenannte große Wanderung des Paracelsus läßt sich zeitlich nur annähernd festlegen. Sie war sicher keine übliche «akademische Wanderschaft», die mit dem Ziel der Vertiefung des Wissens und der Erweiterung des Horizonts vor allem an ausländische Hochschulen führte. Die Stationen der Wanderung sind vor allem durch zwei Stellen in Werken des Paracelsus namhaft zu machen. Die erste findet sich in der *Großen Wundartzney* (1536): *mich nit alein derselbigen [gemeint sind die deutschen, italienischen und französischen Hochschulen] leren und gschriften, büchern ergeben wöllen, sonder weiter gwandert gen Granaten, gen Lizabon, durch Hispanien, durch Engeland, durch den Mark, durch*

Die Universität zu Ferrara

Prüchsen [Preußen], durch Litau [Littauen], durch Poland, Ungern, Wala-chi, Sibenbürgen, Crabaten, Windisch mark [Krain/Slowenien], auch sonst andere lender nit not zu erzölen, und in allen den enden und orten fleißig und empsig nachgefragt, erforschung gehapt, gewisser und erfarner warhaften künsten der arznei (10, 19f.).

Ergänzend hierzu findet sich eine Stelle im *Spital-Buch* von 1529: *mein erfarenheit, die ich aus Littau, Holland, Ungern, Dalmatien, Kroatien, Ro-dis [Rhodos], Italien, Frankreich, Hispanien, Portugal, Engelland, Denn-mark und allen deutschen Landen mit großem fleiß uberkomen hab* (7, 374).

Vergleicht man diese Zitate, so ergibt sich schon auf den ersten Blick keine gesicherte Reihenfolge von Stationen. Auch die zeitliche Abfolge ist völlig unklar. Nach dem zweiten Zitat könnte man auf einen Weg von

Feldarzt. Holzschnitt, um 1500

Italien über Frankreich nach Spanien usw. schließen. Dies würde mit der eingangs dieses Kapitels zitierten Stelle aus der *Großen Wundartzney* (10, 19) übereinstimmen, wo Paracelsus von Hochschulerfahrung in Italien und Frankreich und seiner anschließenden Wanderschaft nach Granada sprach. Doch es bleibt festzuhalten: Aus den Angaben des Paracelsus ist keine auch nur annähernd verläßliche «Reisekarte» zu rekonstruieren. Unklar ist auch, in welcher Funktion Paracelsus nach seinem Studium unterwegs war. Üblicherweise wird er in der Literatur als Feldarzt oder Militärarzt bezeichnet, was man vor allem aus der folgenden Stelle in seinem Werk herausliest: *dieweil ich auch im Niderland, in der Romanei, in Neapolis, in Venedischen, Denemerkischen und Niderlendischen kriegen so treffentliche summa der febrischen aufbracht und ob den vierzigerlei leibkrankheiten, so in denselben funden worden, in ge-*

sundheit aufgericht (7, 374). Doch aus dieser Stelle ergibt sich nicht zwingend, daß er offiziell als Feld- oder Militärarzt im Heeresdienst wirkte. Wie dem auch sei, für eine Teilnahme am *Venedischen* Krieg wäre an das Jahr 1516 oder 1517 zu denken, für die Beteiligung am *Niderlendischen* Krieg käme das Jahr 1519 und für die Teilnahme am *Denemerkischen* Krieg das Jahr 1520 (Belagerung Stockholms) in Frage.[33]

Paracelsus betonte später ausdrücklich, daß er bei seinen Reisen nicht nur bei den Doktoren *nach warhaften künsten der arznei* (10, 20) nachgefragt habe, sondern auch *bei den scherern, badern, gelerten erzten, weibern, schwarzkünstlern so sich des pflegen, bei den alchimisten, bei den klöstern, bei edlen und unedlen, bei den gescheiden und einfeltigen* (10, 20). Er wollte demnach also schon früh über das akademische «Buch»-Wissen hinausgehen und eine Art Volksmedizin betreiben. Doch sollte man den Kontext dieses Zitates aus der *Großen Wundartzney* von 1536 nicht unterschlagen: Paracelsus betonte, daß ihm durch die Befragung dieser nicht-akademischen Heiler die Medizin nicht «sicherer» geworden sei. Deshalb habe er sich mehrmals vorgenommen, die ärztliche Kunst zu «verlassen». Nur eingedenk des christlichen Auftrages, den Kranken zu helfen, sei er *widerumb in dise kunst getrungen* (10, 20).

Auf diesen Reisen zeigte er sich im übrigen als streitbarer Charakter, wie aus den Entwürfen zur sogenannten *Bertheonei* (1528) hervorgeht: *sie triben mich aus Littau, darnach aus Preußen, darnach aus Poland, war nicht genug. ich gefil den Niderlendern auch nicht, den universiteten nicht, weder Jüden noch münchen [Mönchen]. ich dank aber got, den kranken gefiel ich* (6, 180). Schon früh muß Paracelsus sich demnach mit Kollegen jeglicher Couleur angelegt haben, wie aus einem weiteren autobiographischen Zitat erhellt: *und ob ir schon in Danzge [Danzig] oder zu Wilden [Wilna?] aus boch etlich sieg gegen mir erhalten haben oder etwas triumphirt, geschah im ersten abrennen* (6, 430). Über nähere Umstände dieser Auseinandersetzungen ist nichts bekannt.

Salzburg und weiter (1524/25)

Erst für das Jahr 1524 finden sich zeitlich einigermaßen sicher fixierbare Lebensspuren des Paracelsus. Sie weisen auf einen Aufenthalt in Salzburg hin. Der Beginn dieses Aufenthaltes ist nicht genau zu bestimmen. Sollte der am 15. August 1524 in Salzburg unterzeichnete Begleitbrief zu der Marienschrift *De virgine sancta theotoca* echt sein, so wäre dies der früheste Beleg für die Anwesenheit des Paracelsus in der Salzachstadt.[34] Das Datum 7. September 1524 trägt die in Salzburg entstandene Vorrede einer weiteren theologischen Schrift, des *Liber de sancta trinitate* (Th 3, 238). Gesichert wird der Aufenthalt in Salzburg durch ein erst 1918 von Franz Martin in Form einer Abschrift entdecktes Inventar über die in Salzburg zurückgelassene Habe des Paracelsus, das am 27. April 1526 aufgenommen wurde.[35] Aus diesem Inventar geht folgendes hervor[36]: Paracelsus hatte sich in der «Behausung bey der Kumfmüll» eines gewis-

Salzburg. Aquarell, 1553. Salzburg, Stadtmuseum

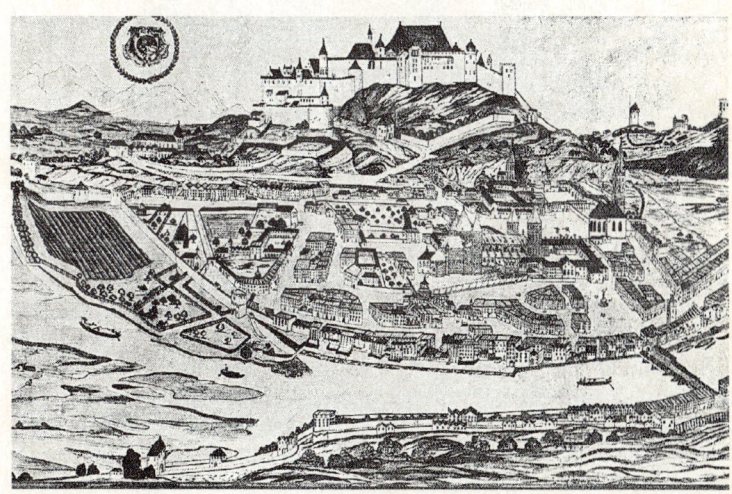

Das «Kumpfmühlhaus» (heute: Pfeifergasse Nr. 11) in Salzburg,
wohl Wohnhaus des Paracelsus in den Jahren 1524/25

sen Wolfgang Büchler in Salzburg eine Mietwohnung genommen. Das
Kumpfmühlhaus, das heutige Gebäude Pfeifergasse Nr. 11, lag zwischen
dem Kumpfmühltor und dem Rapplbad, dem bedeutendsten und ein-
träglichsten aller Salzburger Bäder. Die Beschreibung der zurückgelassenen Habe erfolgte «auf Begehren des fürnemen weisen Michael Seznagl,
Hofgerichtsschreiber hie zu Salzburg». Dieser Hofgerichtsschreiber
Michael Setznagel war wohl besonders freundschaftlich mit Paracelsus
verbunden, denn er wurde nach dem Tod des Paracelsus 1541 zum Testamentsvollstrecker ernannt, und er war es, der den später verlorengegan-

genen privaten Grabstein auf dem Friedhof zu St. Sebastian und die im Sockel erhaltene Grabtafel setzen ließ.[37] Als Zeugen der Inventaraufnahme werden der einflußreiche Wirt Christoph Riß[38] und die Bürger Hans und Wolfgang Rappl, beide von Beruf Bader, genannt. Der Bekanntenkreis des Paracelsus in Salzburg bestand also aus Angehörigen des gehobenen, teils studierten Salzburger Bürgertums. Kontakte mit dem städtischen «Pöfel» sind ebensowenig nachzuweisen wie Verbindungen zum Salzburger Hof.

Interessant ist eine Passage auf Seite 3 des Inventars, die zeigt, daß Paracelsus Salzburg sehr plötzlich verlassen hat: «Item obgemelter Christoph Riß zeigt an, als bestimter Doctor weggezochen, habe er seiner

Seite 3 aus dem Inventar über die in Salzburg zurückgelassene Habe des Paracelsus vom 27. April 1526. Abschrift um 1770

Mutter, der Rißin, die Schlüßl zu seiner Herber[g] zu behalten geben, und nachdem er aber in der vergangen Aufruhr sogleich[39] gestanden, hab er Riß dem Doctor zu Gut seine Kleider in sein Rißenbehausung als zu sicherer Verwahrung behaltnusweiß bringen lassen in Beyseyn obbenannter Hansen und Wolfgangen den Räpl, als Zeugen darzu erbetten. Gemelter Doctor seye ihm auch an der Zehrung noch ein Summa Geld zu thun, wolle er auch hiemit gemeld haben und zu gelegner Zeit anzeigen und hat die Kleider benent wie hernach steht [...].»[40]

Die im Inventar auftauchende Angabe «demnachst vergangen Kriegslauffen» bezieht sich wohl auf den Salzburger Aufstand vom Frühjahr und Sommer 1525. Dieser Aufstand ist mit «Bauernaufstand» nicht zutreffend charakterisiert.[41] Es war ein Aufstand, der in erster Linie von Gewerken und Bergknappen im Gold- und Silberbergbau von Gastein und Rauris ausing, die gegen die Politik des Salzburger Fürsterzbischofs und Kardinals Matthäus Lang aufbegehrten. Die bewaffneten Aufständischen erreichten am 27. Mai 1525 die etwa 15 Kilometer südlich von Salzburg gelegene Salinenstadt Hallein, wo der angesehene Halleiner Bürger Melchior Spach als oberster Feldhauptmann an ihre Spitze trat. Dies ist deshalb interessant, weil Spach, der nur kurz als Obrist fungierte und nach dem Ende der Auseinandersetzungen die Gnade des Fürsterzbischofs wiedererlangte, im Jahre 1541 die Liste der Zeugen für das Testament des Paracelsus anführte.[42] Sollte er Paracelsus schon 1525 gekannt haben, wäre damit eine direkte Verbindung zu den Aufständischen nachgewiesen. Gesichert ist diese Verbindung jedoch nicht. Deshalb muß die Frage, wie aktiv die Rolle des Paracelsus bei dem Aufstand war, derzeit unbeantwortet bleiben. Auffällig jedenfalls ist, daß er nach dem Ende des Aufruhrs nicht nach Salzburg zurückkehrte, was doch auf eine gewisse Involvierung schließen läßt. Er ließ im übrigen relativ bescheidenes Mobiliar zurück, darunter einige Gerätschaften, die auf Labortätigkeit hinweisen, sowie leider nicht näher spezifizierte «31 Bücher glein und groß» und etliche uneingebundene Schriften.

In dieser Salzburger Zeit entstanden – wie schon erwähnt – mehrere theologische Werke. Im folgenden kann nur ein flüchtiger Eindruck vom theologischen Schaffen des Paracelsus in dieser frühen Phase vermittelt werden.[43]

Der *Libellus de virgine sancta theotoca* (*Büchlein von der heiligen Jungfrau und Gottesgebärerin*) galt der Jungfrau Maria.[44] Biographisch interessant ist die Vorrede zu dieser Schrift. Paracelsus wandte sich darin an drei bislang nicht identifizierte *Doctores*[45], gemeint sind wohl Theologen, Michael, Simon und Pancratius, mit denen er sich (an einem nicht genannten Ort) über die Jungfrau Maria gestritten habe. Diese *Doctores* hätten ihn nun gebeten, sich an ihrem fürstlichen Hof einer Disputation zu stellen. Dies lehnte Paracelsus jedoch ab. Wenn er schon aufgrund seiner *stamleten zung* vor ihnen ängstlich verstummt sei, wie müßte er dann erst vor dem Fürsten erzittern. Um dennoch seine Position klarzustellen, habe er die kleine Schrift verfaßt. Darin suchte er die These zu widerlegen, wonach Maria eine «irdische» Frau gewesen sei.[46] Gleichzeitig verwahrte er sich aber gegen den Vorwurf, er verehre sie als Göttin. Maria sei die einzige «Jungfrau» überhaupt auf Erden gewesen. Sie gehöre von ihrer Herkunft her zu Gott. Bei ihrer Geburt sei sie nur mit einer dünnen sterblichen Hülle überkleidet worden, so daß der natürliche Leib, der ewige Leib und die Seele bei ihr eins geworden seien. Das Göttliche in ihr habe dann Christus geboren.

Paracelsus ging seinerzeit nicht nur in der Mariologie[47], sondern auch in der Trinitätslehre eigene Wege. Im *Liber de sancta trinitate* (*Buch über die heilige Dreifaltigkeit*) formulierte er eine – von dem Theologen Kurt Goldammer übrigens als «dilettantisch» (Th 3, XLIII) beurteilte – Lehre, mit der er «die Gottesmutter Maria in das personale Gefüge der göttlichen Trinität einzubringen und sie in der Person Gottvaters in einer Art mann-weiblicher Aufspaltung zuzuordnen» (Th 3, 245) versuchte.[48]

Mit einiger Wahrscheinlichkeit entstand auch der kirchenkritische Text *De septem punctis idolatriae christianae* (*Über die sieben Punkte des christlichen Götzendienstes*) um 1524/25 in Salzburg.[49] Darin polemisierte Paracelsus gegen eine «Mauer»-Kirche, die seiner Ansicht nach den Gottes-«Dienst» auf Äußerlichkeiten reduziert hatte. Er kritisierte unnützen Kirchgang, demonstratives Beten in der Öffentlichkeit, Feiertagsbegehung mit Tanz und Bankett, Fastengebräuche, tägliches Almosengeben, christliche Gemeinschaften bzw. christliches Brauchtum wie zum Beispiel Wallfahrten und schließlich «christliche Zeichen» wie Kirchen, Glocken, Altäre und Bilder. Ute Gause konnte nachweisen, daß Paracelsus sich darin mit Zwinglis Schrift «Auslegen und Gründe der Schlußreden» (1523) auseinandersetzte, dessen «individualistisches und spiritualistisches Verständnis des christlichen Glaubens»[50] Paracelsus – zu diesem Zeitpunkt – wohl teilte. In der Bilderfrage unterschied er sich jedoch von Zwingli, da er Bilder – ganz im Sinne Luthers – zur Belehrung und Erbauung der Laien zuließ.[51] Auch diese Schrift enthielt wieder biographisch interessante Aussagen. In der Vorrede sprach Paracelsus zwei nicht identifizierte italienische *Professores* der Heiligen Schrift namens Valentius und Remigius an, von denen er *täglich widerpellen und scharpfreden* (Th 3, 3) habe erdulden müssen, und zwar *von wegen der warheit, so ich etwan und etlich mal in tabernen, krügen und wirtshäusern geredt hab* (Th 3, 3). Man habe ihm deshalb Trunkenheit vorgeworfen und einen Winkelprediger genannt, der nur vor Bauern reden könne, nicht aber vor Gelehrten. Dabei erwähnte Paracelsus auch den Vorwurf, der oft dahin gehend interpretiert wird, er habe eine aktive Rolle im Salzburger «Bauern»-Krieg gespielt: *Ihr klaget sehr und fast [fest], ich hab euch die pauren widerspennig gemacht, daß sie nimmer opferen und wenig auf euch halten*

OCCVBVIT ANNO ÆTATIS XLVII·
1531

·HA·

Ulrich Zwingli.
Gemälde von
Hans Asper, 1549.
Winterthur,
Kunstmuseum

und schier gar nichts (Th 3, 5). Doch ist ein Zusammenhang mit dem Aufstand nicht eindeutig belegt. Die angesprochenen italienischen *Professores* sind in Salzburg nicht nachgewiesen.[52] Die erwähnten Tavernenereignisse können daher genausogut anderswo stattgefunden haben.

Letztlich noch nicht entschieden ist die Frage, ob ein kurzer Brief, der den *christlichen Brüdern Martin Luther, Johannes Pomeranus [Bugenhagen] und Philipp Melanchthon* zugedacht war, tatsächlich von Paracelsus stammt.[53] In diesem Brief wurde ein beiliegender *Kommentar der fünf ersten Kapitel Matthaei* angekündigt. Eine solche Matthäus-Auslegung von Paracelsus ist tatsächlich erhalten. Nimmt man die Datierung des Kommentars in wichtigen Handschriften auf März 1525 ernst, so müßte der Begleitbrief auch um diese Zeit verfaßt worden sein. Laut Begleitbrief erwartete der Verfasser ein Urteil über den Kommentar. Sollte das Urteil günstig ausfallen, kündigte er die Abfassung zahlreicher weiterer theologischer Schriften an. Sowohl im Brief als auch im Kommentar wurde Paracelsus nach den überlieferten Abschriften nicht explizit als Verfasser genannt. Beide waren nur mit *Heremita* (damit war wohl gemeint: aus Einsiedeln gebürtig) unterzeichnet.[54] Wurden Brief und Kommentar tatsächlich – wie im Brief notiert – von einem Diener, der auf Antwort warten sollte, in Wittenberg übergeben, dann erreichten sie die Adressaten nur unter Pseudonym. Dies könnte erklären, warum Paracelsus den Wittenberger Reformatoren als Theologe verborgen blieb, denn wie hätten sie erraten können, wer dieser *Heremita* sei. Der Kommentar selbst (wie auch der sogenannte Anhang zum Kommentar[55]) erweist Paracelsus zum einen von reformatorischem Gedankengut, zum anderen von humanistischer Kirchen- und Kleruskritik beeinflußt.[56] So hielt er wie Luther am Wort Gottes als der einzigen Offenbarung und an der Vorrangstellung des Glaubens vor den Werken fest.[57] Zum anderen übernahm er manches aus den «Annotationes» des Erasmus, das ihn in seiner Abkehr von der Papstkirche bestärken mochte.[58]

Schon in diesen frühen theologischen Schriften wird ein Befund deutlich, der laut Gause unbequem ist «für alle, die Paracelsus gern als den großen Arzt, Naturphilosophen und Freidenker sehen wollen, der keine Wahrheit als die selbständig durch das ‹Licht der Natur› erforschte anerkannt hat [...]»[59]. Denn Paracelsus bekannte sich «zumindest in den zahlreichen Bibelauslegungen der Frühzeit eben doch zum christlichen Gott und zum christlichen Glauben»[60].

Man wird nicht fehlgehen, wenn man den fluchtartigen Aufbruch des Paracelsus aus Salzburg mit aller Vorsicht um die Mitte des Jahres 1525 ansetzt. Sein Weg nach dem Verlassen der Salzachstadt ist jedoch völlig ungeklärt.[61] Vor dem 30. März 1526 war Paracelsus wohl in Ingolstadt. Dies war der Todestag von Petrus de Burckhardis, einem Mitglied der Ingolstädter Medizinischen Fakultät. Paracelsus schrieb später von *Burkardis, der erstickt in Asmate* (6, 430). Von einem Aufenthalt in Ingolstadt berichtete auch Johann Rist in seinem «Philosophischen Phönix» (1682).[62] Die von Rist überlieferte Heilungsgeschichte – demnach habe Paracelsus die seit Geburt gelähmte dreiundzwanzigjährige Tochter eines Ratsherren mit einer Messerspitze seines «Azoth des roten Löwen» geheilt – klingt jedoch nicht besonders verläßlich. Mit einiger Sicherheit hielt sich Paracelsus nach dem Verlassen Salzburgs auch – dies ist aus Angaben in seinen Werken zu schließen – in Tübingen, Freiburg im Breisgau und Rottweil auf, doch ist eine genauere zeitliche Fixierung nicht möglich.

Bevor Paracelsus gegen Ende 1526 Straßburg, seine nächste wichtige Lebensstation erreichte, kann nur noch eine aufschlußreiche Episode aus seinem Leben zeitlich einigermaßen genau bestimmt werden, und zwar die Behandlung des Markgrafen Philipp I. von Baden.[63] Dieser war nach dem Reichstag zu Speyer (bis 27. August 1526) schwer erkrankt und hütete das Bett im Schloß Baden (heute: Baden-Baden). Im Spätsommer oder Herbst 1526 wurde Paracelsus zur Behandlung beigezogen. Doch als die Gesundheit des Markgrafen wiederhergestellt war (spätestens Ende November 1526, denn zu diesem Zeitpunkt war der Markgraf wieder auf Reisen), schrieben sich dessen Leibärzte den Erfolg zu. Paracelsus wurde die in Aussicht gestellte hohe Belohnung vorenthalten. In einer Vorrede zum *Paragranum* (ca. 1530) kam er später – immer noch wütend – auf diese Begebenheit zu sprechen: *und eb [ehe] sie [ihm feindlich gesonnene Ärzte] mir vergünten dise er [Ehre] und lob, die ich in fürsten, herren und anderen erlangt, haben sie dieselbigen ehe dem teufel zugelegt, als ob ich durch den belzenbock solchs verbrechte. [...] und wie sie [seine Feinde] im herzen warent, solche ires gleichen gefunden und zu behilf genomen die undankbarkeit und die bezwungni bezalung, so mir wider alles zusagen und verdienen geben ward und empfahen müssen durch marggraf Philippen von Baden, den ich nach allem verderben seiner leibarzeten außer [aus] der dysenteria erlöst hab im lezten seines lebens, do mir zugesagt fürstliche belonung, unfürstlich begegnet mit mererm schaden, dan do ich dem juden der alle welt beschissen hat, Messe von Thalles, in seiner Not half: ergerer ward ich von dem fürsten bezalet* (8, 34). Nebenbei sei bemerkt, daß der Jude *Messe von Thalles* bislang nicht identifiziert ist. Jedenfalls zeigen diese Vorfälle, daß Paracelsus ein untrügliches Gespür besaß, sich Feinde zu machen.

Straßburg und weiter
(1526/27)

In Straßburg hielt sich Paracelsus auf jeden Fall schon im November 1526 auf. Dies belegt ein Protokoll, das am 21. Mai 1527 in Basel aufgenommen wurde.[64] Dabei wurden Paracelsus und sein Diener Ulrich Giger als Zeugen im Zuge einer in Straßburg anhängigen juristischen Auseinandersetzung zwischen einem Seiler und einem Apotheker vernommen. Paracelsus bezeugte, daß der Seiler im November des vergangenen Jahres in Straßburg in krankem Zustand zu ihm gekommen sei. Er habe den Harn des Patienten besehen, eine Diagnose abgegeben und dann den Seiler gebeten, er möge mit dem zufällig anwesenden Apotheker namens Swegler sprechen, der ihm nach dem Rezept des Paracelsus ein Medikament herstellen sollte. Wahrscheinlich hatte der Seiler später dem Apotheker das Honorar für das Medikament verweigert oder gekürzt. Über den weiteren Ausgang des Prozesses ist jedoch nichts bekannt.

Paracelsus wollte in Straßburg seßhaft werden. Er erwarb nach kurzer Zeit das Bürgerrecht der freien Reichsstadt. Im Bürgerbuch findet sich unter dem 5. Dezember 1526 der folgende Eintrag: «Item Theophrastus von Hohenheim der artzney doctor hatt das burgrecht kaufft und dient zur Lutzernen. Actum Mittwoch nach Andree appostoli.»[65] Die «Zunft zur Luzerne» war u. a. die Zunft der Kornhändler, Müller, Stärkefabrikanten, dazu zählten auch die Chirurgen.[66] Zum Erwerb des Bürgerrechts war in den meisten Städten (so auch in Salzburg) der Nachweis der freien und ehelichen Geburt erforderlich.[67] Daß Paracelsus in Straßburg das Bürgerrecht trotz seiner «unfreien» Geburt erhielt, hing wohl damit zusammen, daß unter dem Einfluß der Reformation diese Bestimmungen gelockert worden waren.

In Straßburg zählte auch der angesehene Domsekretär Nikolaus Gerbel zu den Patienten des Paracelsus. Dies geht aus dem Tagebuch des Domsekretärs hervor.[68] Seine Eintragungen zu Paracelsus beginnen am 19. Dezember 1526. Gerbel lud an diesem Tag «Theophrastus und andere» ein, wobei es sich wohl um eine Einladung zum Essen handelte. Schon am nächsten Tag hatte er Paracelsus erneut zu Gast, diesmal laut Tagebuch explizit zu einer Mahlzeit, und zwar zusammen mit dem Straßburger Domprediger Kaspar Hedio. Am Silvestertag des Jahres 1526 speiste

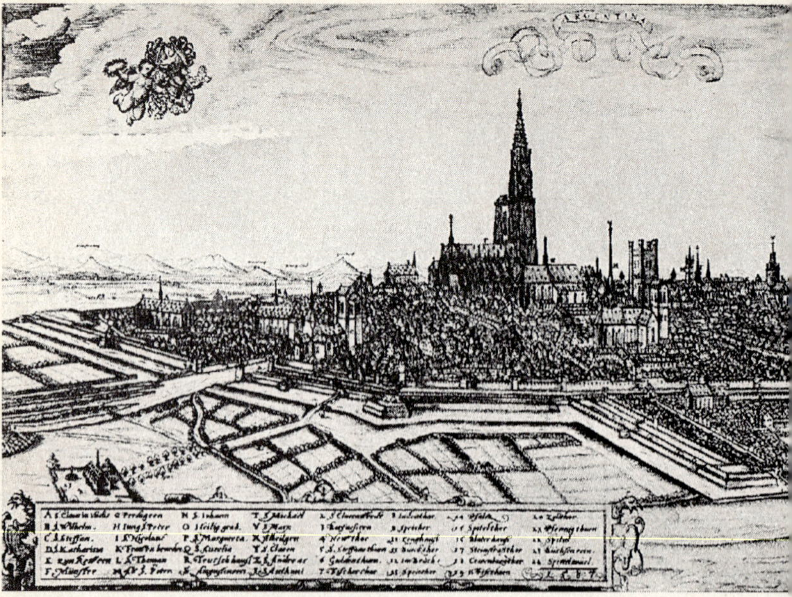

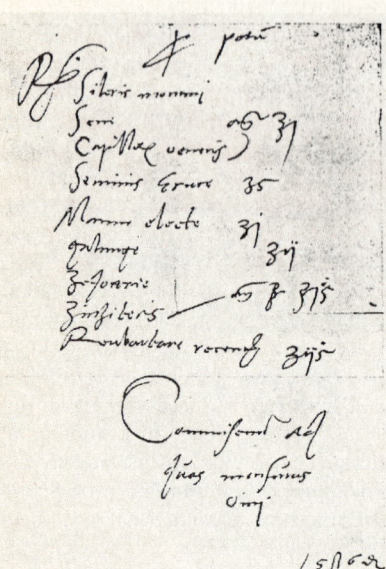

Straßburg. Kupferstich von Daniel Specklin, 1587

Rezept des Paracelsus für Domsekretär Gerbel, 1526. Straßburg, Stadtarchiv

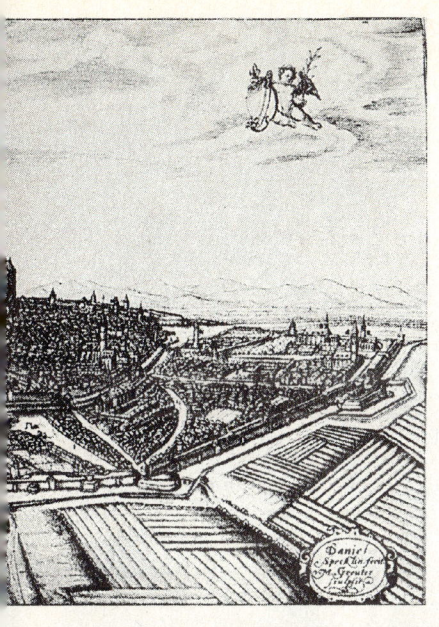

Gerbel mit Paracelsus zusammen «apud decanum», bei dem Domdechanten Sigismund (Sigmund) von Hohenlohe. Eine gesicherte Arzt-Patient-Beziehung zwischen Gerbel und Paracelsus ergibt sich erst aus dem Tagebucheintrag vom 1. Januar 1527. Paracelsus ermittelte demnach – vor allem aufgrund der Inspektion des Patientenurins – eine mangelhafte Funktion des Magens und eine Verstopfung der Leber. Er verschrieb Pillen und einen Heiltrank, die zehn Tage lang einzunehmen seien. Zwischen den Tagebuchblättern Gerbels hat sich das Originalrezept des Paracelsus für den Trank erhalten.[69] Gerbel war wohl zufrieden mit der Behandlung. Jedenfalls erwähnte er am 13. Januar 1527, er habe mit Paracelsus und einem gewissen Doktor Nikolaus (wohl Dr. med. Nikolaus Haupt [auch: Capito] aus Dieburg) gemeinsam gespeist. Doktor Nikolaus und Paracelsus hätten sich über alchemistische Probleme sowie über Tiere, die im Mutterschoß wachsen würden, unterhalten. Über längere Zeit fehlt daraufhin jede Erwähnung des Paracelsus im Tagebuch. Erst vierzig Tage später, am 24. Februar 1527, berichtete Gerbel von einem erneuten Treffen mit Paracelsus, wieder bei einer Mahlzeit. Am 26. Februar 1527 notierte er dann den Weggang des Paracelsus aus Straßburg: «Hac die abiit doctor Theophrastus» («An diesem Tag ging Dr. Theophrastus weg»).

Robert-Henri Blaser nimmt nun an, daß Paracelsus die Tage vom 14. Januar bis zum 24. Februar 1527 in Basel zugebracht habe und daß die Behandlung des bekannten Buchdruckers Johannes Froben in diese Zeit fiel.[70] Diese Annahme besitzt eine gewisse Plausibilität, doch bedürfte sie noch der Bestätigung aus anderer Quelle. Wie aus einem undatierten Brief des Erasmus von Rotterdam an Johannes von Heemstede hervorgeht (Erasmus stand mit Froben in enger Verbindung), siechte der gelehrte Drucker zu dieser Zeit an einem schmerzhaften Leiden im Bereich des rechten Fußknöchels dahin.[71] Die behandelnden Ärzte konnten sich nicht auf eine Therapie einigen, man empfahl wohl sogar die Amputation. Erasmus berichtete dann folgendes: «Endlich kam ein Arzt von aus-

Johannes Froben. Zeit-
genössischer Kupferstich

wärts, der die Pein soweit zu stillen wußte, daß sie erträglicher wurde und
den Kranken wieder essen und schlafen ließ. Bald darauf war er wieder
soweit hergestellt, daß er zweimal zu Pferd nach Frankfurt reisen
konnte.»[72] Dieser «Arzt von auswärts» war mit einiger Sicherheit Paracelsus. Paracelsus diagnostizierte die Krankheit Frobens, wie in einer
Basler Vorlesungsnachschrift über chirurgische Krankheiten überliefert
ist, als *paralysis inferior* (4, 212). Über die Art und Weise der Behandlung
ist jedoch nichts bekannt.

Daß Erasmus in seinem Brief den Namen des Paracelsus unterschlug,
ist auffällig, denn die beiden waren sich in Basel seinerzeit begegnet.
Dies belegt zweifelsfrei ein kurzer Briefwechsel zwischen Erasmus und
Paracelsus, der zeitlich allerdings nicht mit letzter Sicherheit zu fixieren
ist.[73] Er fällt, soviel läßt sich jedoch sagen, in die Zeit nach der Behandlung Frobens, denn Erasmus schrieb in seinem undatierten Brief an
Paracelsus, daß dieser Froben «geheilt habe». Der Zusatz, er wünsche
Paracelsus, daß ihn das Geschick in Basel festhalten möge, legt die Ver-
mutung nahe, daß der Brief des Erasmus an Paracelsus verfaßt wurde, als
Paracelsus noch nicht fest in Basel angestellt war, also vielleicht Anfang
1527.

Erasmus von Rotterdam.
Zeichnung von Albrecht
Dürer, 1520. Paris, Louvre

Klar ist, daß Paracelsus Erasmus in Basel getroffen hatte. Nach dieser
Begegnung schrieb er einen kurzen Brief an Erasmus. Diesem gelegentlich wirren Brief kann man entnehmen, daß der ewig leidende Erasmus
bei ihrer Begegnung über Schmerzen in der Lebergegend und über zwei
weitere krankhafte Erscheinungen geklagt hatte. Paracelsus empfahl als
Heilmittel für die Leber ein Arkanum (wörtlich: Geheimmittel, hier jedoch wohl eher als stark wirksames Mittel zu verstehen), das – in deutscher Übersetzung – aus *confortativer, specifischer Substanz und reini-
genden, das heisst consolidirenden, honighaltigen Stoffen*[74] bestehen solle.

Aus dem Antwortbrief des Erasmus an Paracelsus wird deutlich, daß
es zu einer Behandlung nicht kam. Erasmus lehnte eine solche zwar höflich, aber entschieden ab. Er habe «in den gegenwärtigen Tagen», so der
immer zu einem kleinen stilistischen Glanzstück aufgelegte Humanist,
«nicht Zeit zu einer Kur, nicht einmal zum Kranksein oder zum Sterben,
so tief sitze ich in meinen Studien drin»[75]. Weitere persönliche Kontakte
zwischen Erasmus und Paracelsus sind nicht belegt.

Es mag aufgefallen sein, daß bislang beim Nachzeichnen der Biographie
nur von Paracelsus als Autor theologischer Texte die Rede war. Hatte er

denn bis dato keine medizinischen Werke verfaßt? Die Antwort darauf mag erstaunen: Zwar ist mit Sicherheit davon auszugehen, daß schon vor der Basler Zeit, in der seine Medizin im Spiegel der Vorlesungen Kontur gewinnt, einschlägige Schriften entstanden, doch entbehren alle medizinischen Werke, die üblicherweise als «frühe» Werke bezeichnet werden, sicherer Datierungsmerkmale. Eine genaue zeitliche Einordnung, wie sie etwa Karl Sudhoff in seiner Standardedition versucht hat (und wie sie seither nahezu unbesehen übernommen wird), wonach «Werke der Zeit um 1520» oder «Werke der Zeit um 1525/26» unterschieden werden, wird leider durch Fakten nicht gedeckt.

Welche medizinischen Texte gibt es nun, die man wenigstens mit einiger Sicherheit als «Frühwerke», besser vielleicht als Werke vor der Basler Zeit, bezeichnen kann? Als Kristallisationspunkte, an die zum Beispiel durch den Vergleich von Zentralbegriffen (Kennwörtern) andere «Frühschriften» anzulagern sind, bieten sich die sogenannten *Archidoxen*-Bücher an. Als wichtigster Hinweis auf eine relativ frühe Entstehung kann folgende Formulierung im Text gelten: *Also zu verstehen ist von disen arcanen, deren uns alein vier bekant seind bei unsern jungen kintlichen tagen* (3, 139). Eine solche Formulierung wurde in Schriften, die mit Sicherheit nach der Basler Zeit entstanden sind, nicht mehr gebraucht. Eine ähnliche Formulierung erscheint auch im sechsten der sogenannten *Bücher in der Arznei* (erhalten sind nur das sechste, siebte und neunte Buch). In diesem Buch über «tartarische» Krankheiten (gemeint sind «Stein»-Krankheiten) heißt es: Der eigene Mut *mag doch uns nit wenig zitterig machen und erschütten der alten wolerfarnen arzten ermanung, damit wir mit erschroknem gemüt unser jung blut anreizen zu schreiben das unser, und doch nit verwerfen unsere vordern* (2, 363). Auch die *Bücher in der Arznei* sind demnach wohl vor der Basler Zeit entstanden. Daß die *Archidoxen* in enger zeitlicher Nähe zu den *Büchern in der Arznei* verfaßt wurden, zeigen weitere Indizien. So wird im siebten *Buch in der Arznei* z.B. auf die *Archidoxen* als alchemische Schrift verwiesen (2, 429), in beiden Texten wird eine in Arbeit befindliche umfangreiche *Philosophia* (3, 143; 2, 396) angeführt.[76]

Bevor nun näher auf die *Archidoxen* als Beispiel für eine vor Basel entstandene medizinische Schrift eingegangen sei, soll kurz die Medizin der Zeit des Paracelsus charakterisiert werden. Der «Gesundheitsmarkt» in der frühen Neuzeit wurde von vielen, durchaus heterogenen Gruppen bevölkert[77]: Neben den akademischen Ärzten boten approbierte Heiler (Wundärzte, Bader, Apotheker, Hebammen) sowie nicht-autorisierte Heiler (ortsansässige ebenso wie reisende «Quacksalber») ihre Dienste an. Die akademischen Ärzte waren lateinkundig; bei ihrer universitären Ausbildung hatten sie die medizinischen Autoritäten – dies waren vor allem Hippokrates und Galen – studiert. Ihre Medizin war also im wesentlichen «antike» Medizin, auch wenn diese sie über die Vermittlung von

Akademischer Arzt in der Studierstube.
Holzschnitt von Hans Burckmair, 1530

Avicenna oder anderen mittelalterlichen «arabischen» Ärzten erreichte. Die Krankheitslehre dieser hippokratisch-galenistischen Schulmedizin war die sogenannte Humoralpathologie (Säftepathologie). Krankheit war definiert als Störung des Gleichgewichts der vier Körpersäfte Blut, Schleim, Galle und schwarze Galle.[78] Das pathologische Säftegemisch wirkt danach entweder lokal oder im ganzen Körper, wobei die Physis, die «Natur» des Kranken, versucht, sie durch Kochung («Pepsis») zu neutralisieren. Das akute Stadium einer Krankheit, meist mit Fieber oder Entzündung einhergehend, wird in der sogenannten Krisis entschieden. Entweder überwältigt die Krankheit dann den Organismus oder es kommt zur Ausscheidung der Krankheitsmaterie. Die Therapie wurde dementsprechend nach dem Prinzip «contraria contrariis» durchgeführt, das heißt, das Entgegengesetzte wurde mit dem Entgegengesetzten behandelt. Wichtig war es beispielsweise, die schlechten Körpersäfte durch Abführ- oder Brechmittel oder durch Aderlaß auszuscheiden.

Neben dieser «klassischen» Medizin gab es jedoch im späten Mittelalter und in der frühen Neuzeit schon eine bestimmte Form der «Alternativ»-Medizin, die auch auf Paracelsus wirken sollte: die medizinische Al-

Alchimistischer Arzt.
Ausschnitt aus einem
Studienblatt von
Albrecht Dürer, 1495.
Wien, Graphische
Sammlung Albertina

chemie. Als Vertreter dieser medizinischen Alchemie des ausgehenden
Mittelalters seien hier nur Raimundus Lullus, Arnald de Villanova und
Johannes de Rupescissa genannt. Der Schwerpunkt dieser Alchemia
medica lag naturgemäß auf der Therapie, und hier behaupteten die
«Alchemisten», daß die «reinen», das heißt die alchemisch gereinigten
Heilmittel besser und schneller wirken würden als die «Natur»-Heilmit-
tel der alten Medizin. Vor allem favorisierte man metallische und mine-
ralische Medikamente.

Mit den *Archidoxen*, deren Titel vielleicht am ehesten mit *Grund*- oder
Erzlehren übersetzt werden kann, stand Paracelsus zweifellos in der Tradition der eben erwähnten medizinisch ausgerichteten Alchemie des
Spätmittelalters. Von der «herrschenden» antiken Medizin grenzte er
sich in der Einleitung explizit ab: Wir kommen, so schrieb er, nicht zum

Grünen und zum *Aufrichten, also lang [...] wir der arznei, wie die alten beschriben hatten, nachfolger waren* (3, 93)[79]. Dagegen stellte er das Ziel der medizinischen Alchemie, die Scheidung des Reinen vom Unreinen vorwiegend durch Destillationsmethoden, ins Zentrum der *Archidoxen.* Abgehandelt wurden darin u. a. die später oft mit dem Namen des Paracelsus assoziierten «chemischen» Arzneimittel aus Metallen und Mineralien (zum Beispiel Quintessenzen, Arkana, Magisteria, Elixiere). Doch trotz der klaren Anknüpfung an die medizinische Alchemie wollte Paracelsus auch in der Alternative «allein» sein (auch die Außenseiter müssen sich von anderen Außenseitern unterscheiden!). Am deutlichsten wird dies wohl im drastischen Urteil über die medizinalchemischen Vorgänger des Paracelsus: So wetterte er zum Beispiel heftig gegen Raimundus Lullus und vor allem gegen Johannes de Rupescissa.[80] Viele der Rezepte des Paracelsus in den *Archidoxen* waren im übrigen für den Leser praktisch nicht nachvollziehbar. Dies ist hier sicher nur zum Teil auf bewußtes Verschweigen von Rezeptteilen (die alchemische Tradition der Sekretierung!) zurückzuführen, die Schwierigkeiten für den Leser sind zu einem mindestens ebenso großen Teil durch die wirre Darstellung bedingt.

Auf jeden Fall lassen die *Archidoxen* erkennen, daß ihr Autor – wie schon in der Theologie – auch in der Medizin seinen eigenen Weg gehen wollte.

Wahrscheinlich, aber diese Frage bedarf noch einmal der unvoreingenommenen Prüfung, ist auch das Fragment gebliebene sogenannte *Volumen Paramirum* (nicht zu verwechseln mit dem *Opus Paramirum* von etwa 1530) als «Frühschrift» anzusehen.[81] In seiner erhaltenen Form (der praktische Teil über die verschiedenen Heilarten wurde wohl nicht fertiggestellt) ist das *Volumen Paramirum* eine umfassende Lehre von den Krankheitsursachen, die Paracelsus als «Entien» (Plural; lat. «entia») bezeichnete. Was verstand er unter «Ens», wörtlich zu übersetzen als «das Seiende»? Für Paracelsus ist *ens [...] ein ursprung oder ein ding, welchs gewalt hat den leib zu regiren* (1, 172). Genauer sind es fünf Stücke, die *den leib verderben und in ursachen zu krankheiten* (1, 172). Gemeint ist damit keine einfache Beziehung von Ursache und Wirkung in dem Sinne, daß ein Ens nur eine bestimmte Krankheit oder Krankheitsgruppe verursachen würde: *ein ieglichs ens ist also, das im underworfen seind alle krankheiten, nichts ausgenomen.* (1, 172) Die fünf Entia nannte Paracelsus *Ens astrale, Ens veneni, Ens naturale, Ens spiritale* und *Ens deale.*

Schon im Abschnitt über das *Ens astrale* wird eine Ambivalenz deutlich, die sich durch das gesamte Werk des Paracelsus zieht. Zum einen ist hier – aus welchen Quellen dies gespeist ist, wäre noch genauer zu klären – eine deutliche Abwendung von der astrologischen Prädestinationslehre zu ersehen: *[...] und ir nun ein solches verstanden, das uns die astra nichts naturen noch ziehen noch eigenschaft geben* (1, 178). Zum anderen wird den Sternen aber die Eigenschaft zugesprochen, das Leben des Menschen direkt zu beeinflussen. Dies nennt Paracelsus *Ens astrale, das ist der geruch, dunst, schweiß von den sternen vermischt im luft* (1, 184). Dieser Einfluß kann gesund oder krank machen. Die Tatsache, daß nicht jeder Mensch an derselben astralischen Krankheit erkrankt, erklärte Paracelsus damit, daß ein Mensch, *der also genaturt ist, aus seim natürlichen blut dem selbigen dunst wiederwertig, der wird krank, der aber nicht wider das genaturt ist, dem schats nicht* (1, 184) – hier wurde also eine angeborene Disposition als Hilfserklärung eingeführt, über die im weiteren leider nichts ausgesagt wird.

Der Abschnitt über das *Ens veneni* (wörtlich: *Ens des Giftes*) umfaßt eine eigenwillige Lehre vom «Gift» in der Nahrung. Doch Vorsicht vor der aktualisierenden Deutung, Paracelsus habe hier «Umweltmedizin» getrieben. Er beschrieb einen quasi natürlichen Vorgang, denn nach seiner Ansicht ist in jedem Nahrungsmittel «Gift»: *der leib ist uns one gift geben und in im ist kein gift, aber das das wir dem leib müssen geben zu seiner narung im selbigen ist gift* (1, 189). Gott habe zwar *alle ding inen selber volkomen beschaffen [...], aber eins dem andern unvolkomen zu seim nuz* (1, 190). Um nun das Unvollkommene nützen zu können, habe Gott dem Menschen einen *Alchimisten* im Magen gegeben, um so das Gift, das er mit der Nahrung zu sich nehme, *vom guten [zu] scheiden* (1, 190) – eine außerordentlich interessante Körpermetaphorik, die ganz offensichtlich die antike Lehre von den «Kochungen» («coctiones») im Körper «alchemisiert» (in späteren Schriften bezeichnete Paracelsus diesen *Alchimisten* auch als *Archäus*). Wird nun der *Alchimist* gestört oder beschädigt, dann kann das «natürliche» Gift der Nahrung wirken und den Menschen krank machen.

Die Ausführungen zum dritten Ens, dem *Ens naturale*, sind besonders schwierig zu verstehen; sie muten sehr wenig ausgearbeitet an. Paracelsus grenzte sich – soviel ist allerdings ersichtlich – von den Mikrokosmosvorstellungen nicht näher bezeichneter «Astronomen» ab. Nach Paracelsus ist der Leib *zwifach* (2, 204). Neben einem *firmamentischen* Teil hat er einen *erdischen* Teil, wobei der *firmamentische* Teil *selbstspeisend*, das heißt selbsternährend ist (hierzu gehören die Organe, zum Beispiel die Leber und das Herz, die keiner Nahrung von außen bedürfen), der *erdische* Teil aber *mangelnd*. Etliche Krankheiten entstehen nun direkt aus den Organen des Körpers (wie sich Paracelsus dies vorstellt, bleibt sein Geheimnis), etliche entstehen aus den Elementen (gemeint sind die vier Elemente Feuer, Wasser, Luft und Erde), etliche aus den Komplexionen (die melancholische, die sanguinische, die cholerische, die phlegmatische «Komplexion») und etliche aus den «Humores» (den Säften Blut, Schleim, Galle und schwarze Galle). Offenkundig knüpfte Paracelsus hier zumindest in Ansätzen an die antike Elementen-, Komplexionen- und Säftelehre an (dies kann als ein Hinweis darauf verstanden werden, daß die Schrift vor der Basler Zeit verfaßt wurde).

Während die bislang behandelten drei Entia laut Paracelsus auf die *Materia*, also auf den Leib zielen, wirken die nachfolgenden Entia auf den unsichtbaren und *ungreiflichen* Geist im Leib. Im Abschnitt über das *Ens spirituale* unterscheidet er ausdrücklich zwischen einer körperlichen und einer geistigen Welt, die einerseits zwar vereinigt seien (*die geist komen vom cörper durch sein willen*; 1, 218), andererseits aber auch getrennte Welten darstellten (*also merken das die geist ire welt gleich so wol haben als wir*; 1, 218). Zwei Möglichkeiten gebe es nun, wie die Geister dem Leib Schaden zufügen könnten: Die erste Möglichkeit, daß nämlich die Geister ohne den Willen der Menschen einander gegenseitig verletzen, wird im *Volumen Paramirum* nicht weiter verfolgt. Abgehandelt wird nur die zweite Möglichkeit, daß ein Mensch willentlich einen andern mittels der Geisterwelt verletze. Als Exempel wird etwa Schadenszauber durch Wachsbilder angeführt. Es ist nicht weiter verwunderlich, wenn Paracelsus dann angibt, daß solche «Geist»-Krankheiten auch durch den Geist (zum Beispiel durch magische Zeichen und Amulette) geheilt werden könnten. Hier wird also die Möglichkeit einer «magischen» Medizin angedeutet, eine Möglichkeit, die auch später immer wieder im Werk des Paracelsus aufschien.

Im fünften Teil über das *Ens deale* kommt Paracelsus auf die Krankheitsverursachung durch Gottes Willen zu sprechen. Krankheit wird demnach im weitesten Sinn als Strafe Gottes aufgefaßt: Jede Krankheit ist *ein fegfeur* (1, 226). Der Kranke solle daher nicht auf die Arznei hoffen, sondern nur auf Gott. Zu den Zeiten von Hippokrates, Galen und Rhases habe man noch *glückselig* in der Medizin handeln können, denn *die fegfeur sind klein gewesen* (1, 228). Mit der Zunahme des Übels in der Welt im Laufe der Geschichte habe sich die Erfolgsaussicht des Arztes verschlechtert. Der Arzt ist *ein knecht der natur und got ist der herr der natur* (1, 230), daher könne er niemand gesund machen, außer wenn Gott es ermögliche.

Bei all dem, was im *Volumen Paramirum* über die «Krankheits»-Welt des Menschen ausgesagt wird, kann man sich des Eindrucks nicht erwehren, daß neuplatonisches Gedankengut über die Verbindung von Makrokosmos und Mikrokosmos in irgendeiner Weise im Hintergrund stand. Fragt man jedoch genauer, ob er beispielsweise Stellen aus Texten italienischer Neuplatoniker übernahm, so ist die Antwort wohl negativ. Daß Paracelsus sich direkt etwa an Ficino oder Pico angeschlossen habe, ist nicht ersichtlich. Wie dem auch sei, jedenfalls wollte Paracelsus im *Volumen Paramirum* eine eigene Theorie der Krankheitsentstehung entfalten, und dies ist ihm, was die Gesamtkonzeption angeht, wohl auch gelungen.

Kurz sei hier noch angedeutet, daß vielleicht auch die sogenannte

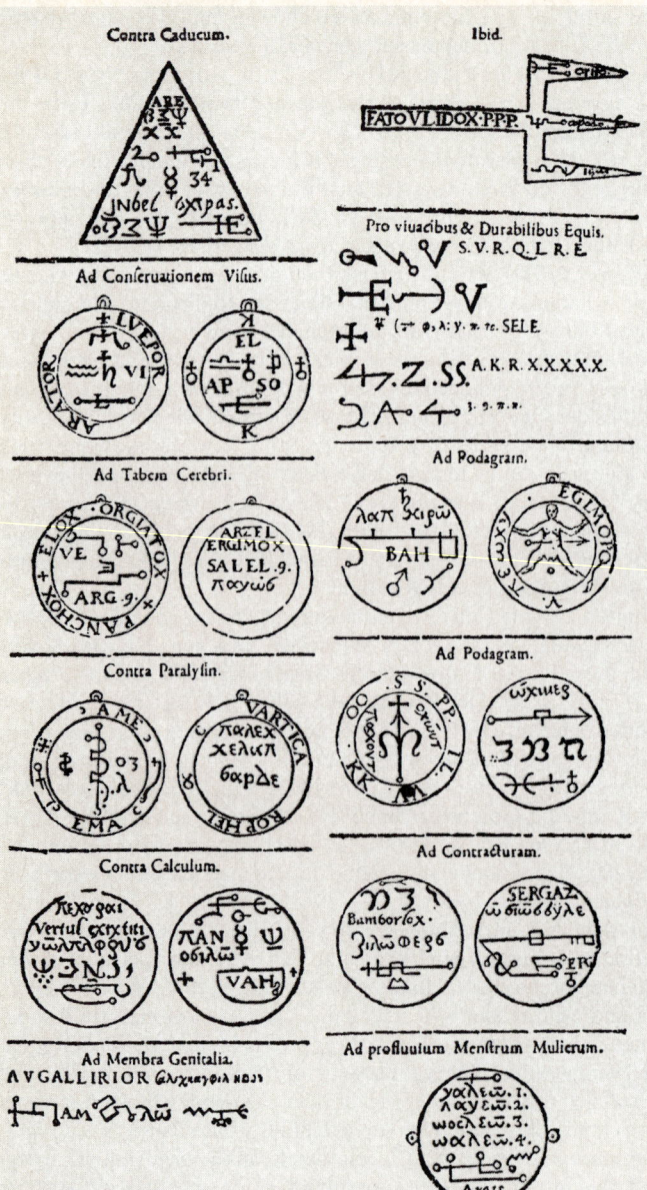

Magische Amulette aus dem 16. Jahrhundert

Theophrasti Paracelsi von Hohenheim/ beyder Artzney Doctor 2c. Von der Bergsucht oder Bergkranckheiten drey Bücher / inn dreyzehen Tractat verfaßt vnnd beschriben worden.

Darinnen begryffen vom vrsprung vnd herkommen derselbigen franckheiten/ sampt jhren warhafftigen Preseruatiua vnnd Curen.

Allen Ertz vnnd Bergleüten / Schmeltzern/ Probierern/ Müntzmaißtern/ Goldschmiden/ vnnd Alchimisten/auch allen denē so inn Metallen vnd Mineralien arbayten /hoch nutzlich / tröstlich vnnd notturfftig.

Mit Röm. Kay. Maiest. freyheit.

Anno Domini 1 5 6 7.

Am Ende:

Getruckt zu Dilingen durch Sebaldum Mayer.

«Von der Bergsucht»,
1567, Titelblatt

Bergsucht-Schrift vor dem Basler Aufenthalt entstanden ist. Sudhoff hatte sie noch auf die Zeit um 1533/34 datiert[82], Edwin Rosner gelangte zu der Ansicht, daß sie weit früher (um 1522/23) anzusetzen sei.[83] Die Datierungsfrage ist hier besonders delikat, da davon die Beantwortung der Frage abhängig ist, ob Paracelsus das Verdienst zukommt, die erste gewerbehygienische Monographie überhaupt verfaßt zu haben (gedruckt wurde sie im übrigen erst 1567). Die Betonung liegt dabei sowohl auf «Monographie» als auch auf «verfaßt», denn schon 1473 hatte Ulrich Ellenbog ein solches «Merkblatt» für Augsburger Goldschmiede geschrieben (gedruckt 1524), 1523 war ein gewerbehygienisches «Merkblatt» von Wenceslaus Bayer vom Elbogen (genannt Cubito) gedruckt worden.[84] Folgt man also der Datierung von Rosner, dann kommt Paracelsus tatsächlich die Priorität zu.[85] Doch wie dem auch sei, eine interessante Schrift ist die *Bergsucht*-Schrift allemal. Bemerkenswert ist auf jeden Fall, daß allein die Themenwahl auf ein starkes soziales Interesse hindeutet, auch wenn die Schrift selbst eine «fachlich medizinische Abhandlung» ohne «jede Hinweise sozialer Natur» ist[86], das heißt ohne jede

Anklage gegen die Bergherren und ohne explizite Äußerung von Mitgefühl für die Bergarbeiter auskommt. Vielleicht ist dies auch ein Indiz dafür, daß der Autor hier noch relativ jung war, bzw. daß er noch gewisse Rücksichten auf die Leserschaft nahm, Rücksichten, die er später als «medizinischer Außenseiter» nicht mehr zu nehmen brauchte. Ohne hier auf die Schrift näher eingehen zu können, sei nur die Definition der Bergsucht wiedergegeben: *Damit ir aber wissent was die bergsucht sei, ist die: so die erzleut, schmelzer, knappen, und was den bergwerken verwant ist, es sei im waschwerk, im silber oder golderz, salzerz, alaun und schwefelerz oder in victriol sud, in blei, kupfer, zwitter, eisen oder quecksilbererz, welche in solchem erz bauen, fallen in die lungsucht, in schweinung des leibs, in magen geschwer; dieselben heißen bergsüchtig. darauf wissent, das von disen krankheiten bei den alten scribenten nichts gefunden wird. darumb sie dan bisher unbeschriben bliben ist, auch in der heilung ausgelassen.* (9, 463 f.)

Basel und weiter
(1527/28)

Das Jahr 1527 brachte eine wichtige Veränderung für Paracelsus. Der aufstrebende junge Arzt wurde Stadtarzt in Basel (die Stelle war seit 1523 vakant).[87] Die Hintergründe seiner Berufung liegen dabei weitgehend im dunkeln. Will man einem Hinweis von Andreas Jociscus aus dem Jahr 1569 trauen, kam dem Basler Reformator Johannes Oekolampadius, der gute Verbindungen u. a. zu dem schon erwähnten Domsekretär Gerbel nach Straßburg hatte, dabei eine wichtige Rolle zu.[88]

Paracelsus, der am 26. Februar 1527 Straßburg verließ, nahm sich Zeit für die Reise nach Basel. Am 8. März 1527 hielt er sich, wie in einem Brief des Humanisten Basilius Amerbach vom selben Tag an seinen Bruder Bonifacius angedeutet wird, wohl in der Gegend von Neuenburg am Rhein auf.[89] Basilius Amerbach, der übrigens später als Nichtmediziner die Vorlesungen des Paracelsus in Basel besuchte und Vorlesungsmitschriften anfertigte[90], berichtet in diesem Brief allerdings nicht, wie zumeist in der Literatur zu lesen, daß Paracelsus Hochzeitsgast des Bonifacius gewesen sei. Dies wäre auch nicht möglich gewesen, denn Bonifacius Amerbach, seines Zeichens Professor der Jurisprudenz in Basel, hatte schon am 25. Februar 1527 in Neuenburg Martha Fuchs, die Tochter des dortigen Bürgermeisters, geheiratet[91], zu einer Zeit also, zu der Paracelsus noch in Straßburg weilte. Basilius schrieb nur: «Wie Du die Zeit verbringst, vermag ich nicht zu sagen, wenn nicht vielleicht der Arzt Doktor Theophrastus, von dem man sagt, daß er sich dort aufhalte, dein Zechgenosse [congerro] ist.»[92] Wie die Verbindung des Paracelsus zu den Gebrüdern Amerbach zustande kam, ist im übrigen nicht geklärt. Vielleicht wurde der Kontakt über den von Paracelsus behandelten Buchdrucker Johannes Froben vermittelt.

Paracelsus traf also nach dem 8. März 1527, wohl aber vor dem 16. März in Basel ein, denn wie Albrecht Burckhardt im Jahr 1914 nachweisen konnte, wurde ihm sein erstes Honorar für die Zeit vom 16. März bis zum 15. Juni 1527 ausbezahlt.[93] Aus der Zahlung läßt sich ein ansehnliches Jahresgehalt von 75 Pfund errechnen. Was hatte Paracelsus dafür zu tun? Der Stadtarzt in Basel war traditionell besonders als Armenarzt tätig.[94] Er betreute die Kranken im Spital und war auch für die Bekämpfung von Seu-

BASILEA. Basel.

Basel. Kupferstich aus dem 17. Jahrhundert, Ausschnitt

chen verantwortlich. Daneben gab es eine enge Verbindung zur Universität, denn es bestand quasi eine Personalunion mit dem Ordinariat der medizinischen Fakultät. So hatte der Vorgänger von Paracelsus, Johann Romanus Windecker (Wonecker), bis zum Jahre 1501 als Stadtarzt in Basel ein Honorar von 50 Pfund erhalten, das dann, als er zusätzlich das Amt des Ordinarius übernahm, auf 75 Pfund erhöht wurde.[95] Wichtig für die Beurteilung der sich bald in Basel entwickelnden Streitigkeiten ist die Tatsache, daß Paracelsus wohl glaubte, er sei vom Rat der Stadt als Stadtarzt und Ordinarius angestellt worden; er selbst bezeichnete sich in der noch zu besprechenden Eingabe an den Rat der Stadt ausdrücklich so. Es ist anzunehmen, daß auch der Rat davon ausgegangen war, daß er in dieser Doppelfunktion wirken würde. Doch so einfach war die Angelegenheit nicht, denn die Bezeichnung «Ordinarius» barg Zündstoff. Es war nämlich in den Basler Universitätsstatuten vorgeschrieben, daß der Ordinariatskandidat zur Erlangung der ordentlichen Mitgliedschaft in die Matrikel eingeschrieben sein und den Nachweis des Doktorgrades erbringen mußte, dazu mehrere Punkte zu beschwören hatte, worunter einer lautete, «den Fakultätsdoktoren die gebührende Ehrerbietung zu erweisen».[96] Um den Konflikt richtig verstehen zu können, muß noch hin-

zugefügt werden, daß die altgläubige Fakultät zu dieser Zeit in heftige Querelen mit dem weitgehend zur Reformation übergegangenen Rat verstrickt war. Sie mochte die Einsetzung des Paracelsus deshalb als Oktroy empfinden. Jedenfalls ist anzunehmen, auch wenn die Vorgänge im einzelnen nicht bekannt sind, daß die Fakultät auf den genannten Punkten (Matrikeleintrag, Promotionsnachweis, Schwur auf die Fakultät) bestand. Für Paracelsus war dies sicherlich eine Zumutung. Wahrscheinlich unterzog er sich, sei es aus Widerspruchsgeist, sei es aus Stolz, dieser Prozedur nicht, die der Rat wohl nur als reine Formsache angesehen hatte. So konnte er in Basel zwar Vorlesungen halten, doch formaljuristisch war er kein Ordinarius.

Zweifellos hielt Paracelsus auch medizinische Vorlesungen in Basel. Doch es ist unklar, wann er die Lektur aufnahm. Bittel etwa ging von einer Vorlesungstätigkeit schon ab Mitte März 1527 aus.[97] Blaser nahm dagegen an, daß er erst ab Juni 1527 las.[98]

In dieser Frage hilft auch die berühmte gedruckte Vorlesungseinladung vom 5. Juni 1527 nicht weiter, in der sich Paracelsus zwar als «Professor» bezeichnete, doch nichts über etwa schon gehaltene Vorlesungen ausführt.[99] Diese Einladung war aber auf jeden Fall eine Sensation. Es hieß da etwa: *Um in meine eigene Lehrmethode ein wenig einzuführen, werde ich, durch ausgiebige Honorierung der Herren von Basel, dazu in den Stand gesetzt, täglich in zwei Stunden praktischer und theoretischer Heilkunde sowohl der inneren Medizin wie der Chirurgie Lehrbücher, deren Verfasser ich selbst bin, mit höchstem Fleiß und hohem Nutzen der Hörer öffentlich zu erklären. Diese Lehrbücher sind nicht etwa aus Hippokrates und Galenos oder irgendwelchen anderen Lehrbüchern zusammengebettelt, sondern vermitteln das, was mich die höchste Lehrerin Erfahrung [experientia] und eigene Arbeit [labor] gelehrt haben. Demnach dienen mir als Beweishelfer Erfahrung [experimenta] und eigene Erwägung [ratio] statt Berufung auf Autoritäten.*[100] Hier wurde also öffentlich die Abkehr von den klassischen Autoritäten Hippokrates und Galen ver-

Hippokrates, Galen und andere Ärzte diskutieren.
Holzschnitt aus «Catalogus illustratus medicorum» von Otto Brunfels, 1530

kündet, ein medizinisches Sakrileg ohnegleichen. Die offene Auseinandersetzung mit der Fakultät war damit unausweichlich. Vielleicht schürte eine symbolische Handlung, die Verbrennung eines «kanonischen» Lehrbuches im Johannisfeuer (24. Juni 1527), zusätzlich den Konflikt.[101] Auf jeden Fall kam es zum Streit. Dies wird durch zwei leider undatierte Eingaben des Paracelsus an den Rat der Stadt belegt.[102]

Zu der ersten Eingabe ist ein Konzept erhalten, das in mancher Hinsicht eine deutlichere Sprache spricht als die übersandte Fassung.[103] Zieht man die Aussagen beider Dokumente zusammen, so ergibt sich folgendes Bild: Die Basler Ärzte würden Paracelsus heftig schmähen. Man würde ihn daran hindern, weiterhin Vorlesungen zu halten. Als Grund dafür führe man an, daß er *das zu tun (on vorwissen und bewilligung iren) nicht gewalt noch macht habe* (4, 143). Man werfe ihm vor, daß sein Lesen *nie in gebrauch gewesen, also iederman zu underrichten* (4, 143). Die Ärzte hätten Angst, daß ihnen dieser Unterricht für «jedermann» an *irer narung und leibs underhaltung großen nachteil und abbruch bringen* (4, 143) würde. Auch frage man provokativ, ob Paracelsus *doctor sei oder nit* (4, 143), was sich leicht auf den für die Erlangung des Ordinariats zu erbringenden Promotionsnachweis beziehen läßt. Paracelsus wollte diese Anwürfe nun nicht länger dulden. Man solle ihn, der, wie in der endgültigen Eingabe formuliert wurde, vom Rat *als verordneter ordinarius und physicus bestelt* (4, 141) worden sei, seines Standes Freiheit anzeigen und *denen so darwider reden ir zugehören ouch [auch] eroffnen* (4, 142). Im Konzept hatte Paracelsus noch vermerkt, daß *vil frembder von Tübingen, Freiburg und anders wo* (4, 144) ihm nachgezogen seien, die es zum Nutzen der armen Kranken zu unterrichten gelte. Er könne es auch nicht hinnehmen, daß man ihn hindere, die seinen zu *doctoriren* (4, 144), das heißt zu promovieren.

Doch nicht nur mit der Fakultät gab es Probleme. Paracelsus verband sein Ersuchen mit einer Mängelanzeige, die er in seiner Eigenschaft als Stadtarzt vorbrachte. Er bat darum, die Apotheken visitieren zu lassen und die Apotheker in Eidespflicht zu nehmen, *das sie irer apoteken zu tag und nacht treulich warten* (4, 144). Er deutete an (ohne konkret zu werden), daß auch in Basel Absprachen zwischen Apothekern und Ärzten bestehen könnten. Eine Reaktion auf die tatsächlich eingereichte Eingabe ist allerdings nicht bekannt. Wahrscheinlich konnte ihm der Rat in Sachen Anerkennung durch die Fakultät nicht weiterhelfen.

Im Herbst 1527 weilte Paracelsus einige Tage in Zürich, wie aus einem *Brief an die Züricher Studenten* vom 11. November 1527 hervorgeht (4, 75 f.). Unklar ist, ob er in dieser Zeit den Züricher Stadtarzt Christoph Clauser traf, den er in einem Brief (4, 71–73) aus Basel (die Datierung ist unsicher) um die Förderung der Drucklegung seiner Vorlesung *De gradibus* bat, die jedoch nicht zustande kam. Clauser urteilte in einer Harnschrift aus dem Jahre 1531 sehr unfreundlich über Paracelsus: «Derselbig (den jr billicher ein trüben dann lutheren nennen söltind) Thessalus von Hohenheim ist mir nit unbekant, ob er aber der natur erkantnus hab, weyss ich nit. er kan ettliche stückle, namlich in der Chyrurgy, doch er weysst mehr in der Sophistry der Alchimy. Ich hab inn ouch gesähen, das er zu Basel gethan hat, was ein grosse toubsucht un unwüssenheyt.» [104] Daß er die Drucklegung der Schrift ernsthaft gefördert haben könnte, erscheint danach ausgeschlossen.

Während des Aufenthalts in Zürich traf Paracelsus mit einiger Sicherheit den Reformator Heinrich Bullinger. Bullinger schrieb später in einem Brief an den Medizinprofessor Thomas Erastus folgendes über das Auftreten des Paracelsus: «Ich habe zu wiederholten Malen mit ihm über Fragen der Theologie und Religion mich unterhalten. In keinem dieser Gespräche war von Rechtgläubigkeit etwas zu spüren, sehr viel dagegen von einer selbstersonnenen Zauberei (Magia). Hättest Du ihn gesehen, Du würdest keinen Arzt in ihm vermutet haben, eher einen Fuhrmann […]. So schlummerte er zuweilen ob dem Wein ein, daß er auf der nächsten Bank liegen blieb […]. In fromme Veranstaltungen ging er selten und schien sich auch sonst wenig um Gott und göttliche Dinge zu kümmern.» [105] Auch der einflußreiche Bullinger zählte also nicht zu seinen Freunden.

Nach Basel zurückgekehrt, ereilte Paracelsus laut *Brief an die Züricher Studenten* vom 11. November 1527 die Nachricht vom Tode seines «Parade-Patienten» Froben. Froben war am 26. Oktober 1527 gestorben; Paracelsus war also mindestens zwei Wochen aus Basel weggewesen. Der Tod Frobens bedeutete sicherlich einen erheblichen Prestigeverlust für ihn. Wahrscheinlich nur wenige Wochen später[106] mußte er erneut mittels einer Eingabe den Rat der Stadt um Hilfe anrufen.[107] Am Sonntagmorgen vor der Verfertigung dieser neuen Eingabe waren Schmäh- und Schandverse gegen Paracelsus öffentlich am Münster, an St. Martin, an St. Peter und an der neuen Burse in der Augustinergasse angeschlagen worden. Die Schmähverse mußten, so die Vermutung des Paracelsus, von einem seiner Hörer stammen, denn es kämen Wörter darin vor, die er täglich ausspreche und interpretiere. Er forderte, daß man seine Hörer vor den Rat lade und ihnen die Schandverse vorhalte, um den Täter zu ermitteln. Ein Exemplar des anonymen lateinischen Schmähgedichts mit dem Titel «Manes Galeni adversus Theophrastum sed potius Cacophrastum» («Die Manen des Galen gegen Theophrastus oder besser Cacophrastus») lag bei. Darin hieß es unter anderem:

> Verrecken will ich, wenn Du würdig bist, dem Hippokrates das
>   Nachtgeschirr nachzutragen,
> Oder meine Schweine zu hüten, Du Lappes.
> [...] Was willst Du denn in Deinen Vorlesungen sagen,
> Du lebst ja nur von gestohlenem Geistesgut!
> Am besten ist für Dich ein Strick, an dem Du Dich aufhängen
>   kannst
> Nachdem man Deine Windbeuteleien erkannt hat.[108]

Man kann also die geharnischte Reaktion des Paracelsus durchaus verstehen. Seine Eingabe wurde vor dem Rat verlesen, eine Reaktion darauf ist jedoch nicht überliefert. Wohl nur wenig später eskalierte die Situation in Basel. Übereinstimmend wird in mehreren Quellen berichtet, daß Paracelsus einen Domherrn namens Cornelius von Lichtenfels erfolgreich behandelt hatte.[109] Der Domherr habe ihm dann aber das mehr oder weniger bindend zugesagte enorme Honorar (die Quellen widersprechen sich in der Höhe) verweigert. Es kam zu Auseinandersetzungen, wahrscheinlich zu einem Gerichtsverfahren, bei dem Paracelsus unterlag.[110] Die «Basler Chronik» von Christian Wurstisen (gedruckt 1580) notierte lakonisch: «Darob ward Theophrastus unwillig, warff böss Karten auss und bochet mit etlichen worten wider die Urtheil, daß er von der Oberkait beklaget ward».[111] Wie er dann erfahren habe, daß man ihn «mit Gefangenschaft strafen wollte», habe er laut Wurstisen Basel fluchtartig verlassen.[112] Paracelsus selbst gab rückblickend in einem Brief an Bonifacius Amerbach vom 4. März 1528 zu, daß er in Basel *vielleicht einiges zu frei gegen den Magistrat und andere* ausgesprochen habe.[113] Dadurch sei es gekommen, daß *der Magistrat, von Haß und Zorn und Mißgunst getrieben, wider mich beschloß, man solle mich (wenn ich nur eine halbe Stunde länger geblieben wäre) festnehmen und nach Herzenslust mit mir verfahren* (6, 37).

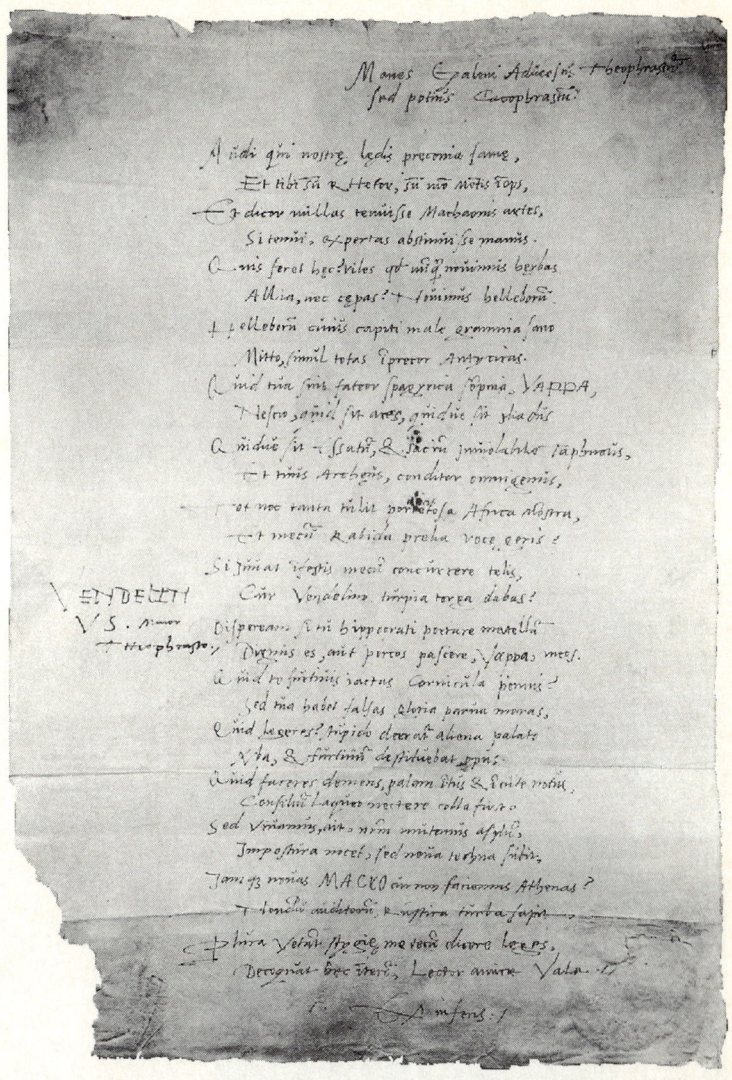

«Manes Galeni …». Schmähgedicht gegen Paracelsus. Basel, Staatsarchiv

Wann genau Paracelsus Basel verließ, ist nicht klar. Man kann jedoch den Februar 1528 als ungefähren Zeitpunkt ansetzen, denn das erste Lebenszeichen nach dem Weggang stellt ein lateinischer Brief dar, den er am 28. Februar 1528 aus Kolmar an Bonifacius Amerbach nach Basel

schrieb.[114] Paracelsus berichtet darin, daß er in Basel nicht mehr sicher gewesen sei, daß er deshalb dem Sturm dort entflohen sei. Er wisse nicht,
welche Maßregeln die Stadt gegen ihn getroffen habe. Auf Laetare, also
in drei Wochen, werde er sich in Neuenburg am Rhein einfinden. In Kolmar, wo er im Hause des Arztes Lorenz Fries gastlich aufgenommen
wurde, praktiziere er im übrigen schon wieder und werde von Kranken
überlaufen. Er bat Amerbach, er möge ihn in Basel gegen die Anwürfe
verteidigen. Kurze Zeit später, jedenfalls vor dem 4. März 1528, antwortete Bonifacius Amerbach. Von diesem Brief an Paracelsus ist nur ein undatiertes Konzept erhalten.[115] Nach ihm zu urteilen, fiel das Schreiben
Amerbachs höflich, aber doch distanziert aus. Folgt man dem Herausgeber der Amerbach-Korrespondenz, dann ist aus dem Konzept zu ersehen,
daß «Amerbach auf weiteren persönlichen Kontakt keinen Wert legte»[116].
In dem eben schon zitierten Brief vom 4. März an Bonifacius Amerbach
grüßte Paracelsus diesen freundlich (er hatte die Distanzierung seines
Briefpartners offensichtlich nicht bemerkt) und erwähnte noch, daß er
die Basler Angelegenheit erst einmal ruhen lassen wolle, obwohl er höre,
daß man ihn weiter verleumde (6, 37). Aus diesem Brief geht auch hervor, daß der Famulus des Paracelsus, der nachmals berühmte Drucker
Johannes Oporinus, noch in Basel sei. Oporinus, der in Basel zu Paracelsus gestoßen war und ihm anschließend noch für einige Zeit ins Elsaß

Johannes Oporinus.
Zeitgenössischer
Kupferstich

folgte, verfaßte – wohl im Jahre 1565, also lange nach dem Tode des Paracelsus – einen Brief, in dem er den Lebenswandel und den Charakter seines ehemaligen Meisters beschrieb.[117] Man war im Streit geschieden, eine Tatsache, die man dem Jahrzehnte später verfaßten Brief unzweifelhaft anmerkt. Viele der angegebenen biographischen Details sind jedoch nicht von vornherein ins Reich der Fabel zu verweisen. Wegen seiner großen Bedeutung für die Auseinandersetzung um den Paracelsismus nach dem Tode des Paracelsus[118] sei der Brief hier nach der Überlieferung von Daniel Sennert (1619) relativ ausführlich in Übersetzung zitiert[119]:

«[...Paracelsus war] ganze Tage und Nächte, solange ich mit ihm selbst eng fast zwei Jahre zusammenlebte, dem Trunk und der Prasserei ergeben, daß man ihn kaum eine oder zwei Stunden lang nüchtern finden konnte, vor allem, nachdem er Basel verlassen hatte und im Elsaß bei vornehmen Bauern und bäuerischen Vornehmen von allen wie ein zweiter Äskulap gefeiert wurde. Indessen pflegte er [gerade] dann, wenn er besonders betrunken war, nach Hause zurückgekehrt mir etwas von seiner Philosophia zu diktieren, das so schön zusammenhängend zu sein schien, daß es der Nüchternste offensichtlich nicht hätte besser machen können. Ich war dann beflissen, diese Diktate, so gut ich konnte, in die lateinische Sprache zu übersetzen. Und es sind solche Schriften, teils von mir, teils von anderen ins Latein übersetzt, später gedruckt worden [...]. Immer hatte er ein Feuer in seinem Kohlewinkel brennen, um bald irgendwelche Alkali, bald ein sublimiertes Öl, bald ein Arsenöl, bald den Crocus Martis oder den wunderbaren Oppoteldoch und ich weiß nicht was für Gebräu zu kochen [...]. Bisweilen gab er vor, etwas vorhersagen zu können, und behauptete, Kenntnis von irgendwelchen Wundermitteln zu haben [...]. Er kümmerte sich nicht um Frauen, so daß ich nicht glaube, daß er mit einer jemals etwas hatte [...]. Er war ein großer Geldverschwender, und er war oft so abgebrannt, daß ich wußte, daß ihm kein Heller geblieben war. Alsbald am nächsten Tag zeigte er, daß sein Geldbeutel wieder gut gefüllt war, so daß ich nicht selten verwundert war, woher ihm das Geld zugekommen sei [...]. Beim Kurieren selbst von äußerst schlimmen Geschwüren vollbrachte er Wunder, wobei er keinerlei Diät vorschrieb oder beachtete; vielmehr trank er Tag und Nacht mit seinen Patienten und kurierte so – wie er zu sagen pflegte – mit vollem Bauch dennoch. Er gebrauchte in allen Arten von Krankheiten präzipitiertes Pulver, Theriak oder Mithridat oder Saft von Kirschen oder Zwetschgen in Pillenform zum Purgieren. Mit seinem Laudanum (so nannte er Pillen so groß wie Mäusedreck, die er immer in ungerader Zahl nur in der größten Not der Krankheiten wie eine heilige Medizin anwandte) brüstete er sich so, daß er nicht zögerte zu behaupten, daß er durch dessen Gebrauch allein Tote zu Lebenden machen könne; und dies hat er mehrmals, solange ich bei ihm war, tatsächlich bewiesen. Ich habe nie gehört oder gesehen, daß er betete, und er kümmerte sich nicht

Paracelsus als Lehrer. Gemälde von David Scott (1806–1849).
Edinburgh, National Gallery of Scotland

um die kirchlichen Bräuche, sondern die Evangelische Lehre, die zu dieser Zeit bei uns sich zu verbreiten begann und von unseren Predigern
ernsthaft betrieben wurde, wurde nicht viel von ihm beachtet. Er drohte,
daß er einst Luther und den Papst, nicht weniger als jetzt Galen und Hippokrates, in die Schranken weisen würde. Und nicht einer von denen, die
bisher über die Heilige Schrift geschrieben hätten, seien es alte oder
neuere Autoren, hätten den Kern der Schrift getroffen, sondern sie blieben alle an der Rinde, quasi an der Außenhaut hängen, und ich weiß
nicht, was er noch daherschwatzte, dessen man sich zu erinnern schämt
[...].» Man kann sich vorstellen, daß dieser Brief, der das Bild eines gott-
losen Rauf- und Trunkenboldes zeichnete, antiparacelsistisch eingestell-
ten Ärzten und Theologen reichlich Munition für ihre Angriffe lieferte.

Basel hatte, so kann man zusammenfassend sagen, Paracelsus berühmt
und berüchtigt gemacht. Er, der noch kein einziges Werk (die gedruckte
Vorlesungseinladung war ja kein Werk im eigentlichen Sinne) veröffentlicht hatte, war in Basel zum Gegenstand öffentlicher Auseinandersetzung
geworden. Man kann sogar ohne Übertreibung davon sprechen, daß Basel einen Paracelsus-Skandal erlebt hatte. Dieser Skandal war – zumindest was die öffentliche Diskussion angeht – im wesentlichen ein medizi-

nischer Skandal gewesen: Es ging um die «neue Medizin» des Paracelsus bzw. um seine Stellung zur «alten Medizin» – theologische Äußerungen des Paracelsus wurden in Basel in der Öffentlichkeit nicht inkriminiert. Durch die extreme Persönlichkeit des Paracelsus bedingt gewann dieser Streit sofort eine Dimension, die über die fachliche Auseinandersetzung hinausging. Doch auch ein wesentlich «friedlicherer» Charakter hätte sich nicht dergestalt öffentlich äußern dürfen, wie Paracelsus dies in Basel tat. Immerhin wurde hier zum Sturm auf die Grundpfeiler der herrschenden Medizin aufgerufen. Dies geschah nicht zuletzt in den Vorlesungen, die Paracelsus – wie schon angedeutet – in Basel hielt.

Die genaue Zahl dieser während seines Aufenthaltes in Basel, der sicher nicht länger als elf Monate dauerte, gehaltenen medizinischen und chirurgischen Vorlesungen ist nicht geklärt. Üblicherweise wird die Zahl der Vorlesungen wohl zu hoch angegeben.[120] Im folgenden seien die Texte aufgezählt (sie finden sich in der Sudhoff-Ausgabe in den Bänden 4 und 5), die meines Erachtens mit an Sicherheit grenzender Wahrscheinlichkeit auf solche Vorlesungen zurückgehen[121]: 1. *De Gradibus et Compositionibus Receptorum et Naturalium Libri VII* (Über Arzneistoffe); 2. *Vorlesung über chirurgische Krankheiten: Von Apostemen, Geschwären, offenen Schäden, Sironen und andern Gewächsen*; 3. *De Urinarum ac Pulsuum Judiciis Libellus* (Über Harnschau, Pulsdiagnostik); 4. *Vorlesung über die tartarischen Krankheiten*; 5. *De Icteritiis Liber* (Über Gelbsuchten); wohl Teil einer internmedizinischen Vorlesung; 6. *Libri Paragraphorum* (Über spezielle Pathologie und Therapie); 7. *Vorlesung über Wunden und Wundheilung*.

Diese Vorlesungen sorgten durch Inhalt und Form für Aufsehen, denn zumindest einige von ihnen wurden in deutscher Sprache (und nicht in der Sprache der Gelehrten, in Latein also) gehalten.[122] Dies wird sowohl von dem Basler Chronisten Christian Wurstisen[123] als auch von dem Züricher Arzt Konrad Gesner[124] überliefert. Paracelsus war nach derzeitigem Kenntnisstand der erste, der diesen Schritt wagte und medizinische Vorlesungen an einer Universität in deutscher Sprache hielt.[125]

Noch mehr Aufsehen als die Form (im oben erwähnten Schmähgedicht wird beispielsweise auf die Tatsache, daß er deutsche Vorlesungen hielt, nicht eingegangen) machte aber wohl der Inhalt dieser Vorlesungen. Dazu nur einige Bemerkungen (eine ausführliche Analyse steht noch aus).

Zweifellos legte Paracelsus in diesen Vorlesungen «die Karten auf den Tisch». So stellte er in den *Vorlesungen über die tartarischen Krankheiten* (5, 3–122) Stücke aus seinem «Allereigensten» (Sudhoff), der im Zusammenhang mit dem *sechsten Buch in der Arznei* schon erwähnten Tartaruslehre der Öffentlichkeit vor. Er definierte Tartarus als Steinart, genauer als *morbus lephanteus et lapillosus* (5, 3), wobei *lephantheus* eine weichere Steinart (Leberstein) und *lapillus* eine härtere bezeichnete. Die

«Steine», die Rückstände oder Ablagerungen, würden entweder von außen, durch Essen und Trinken, oder von innen, durch die «Säfte» im Körper, entstehen. Die Gründe dafür seien vielfältig, zum Beispiel könne eine Störung im Magenbereich dafür sorgen, daß solche Rückstände im Körper verbleiben würden. Mit den «Säften» waren nicht die «hippokratischen» Säfte gemeint, sondern das «Flüssige» im Körper überhaupt. Ganz explizit grenzte sich Paracelsus hier von der hippokratischen Theorie der Steinentstehung ab: *Hippokrates und andere sagen, daß der Stein seinen Ursprung nimmt im koagulierten Phlegma, doch dies ist falsch, denn wenn er aus dem Phlegma entstünde, dann entstünde auch in der Nase ein Stein* (5, 3 f.). In dieser Vorlesung wurde im übrigen auch auf die *tria prima*, die drei «Grundprinzipien» Mercurius, Sulphur und Sal verwiesen, deren Unordnung letzten Endes jede Krankheit verursache. Diese Begriffe wurden später zu *den* paracelsischen Kennbegriffen; auf sie wird noch näher eingegangen.

Auch andere «neue» paracelsische Begriffe wurden in den Vorlesungen verwandt, wie aus den Vorlesungsnachschriften hervorgeht. Der Gebrauch dieser für die Hörerschaft seltsam anmutenden Begriffe wurde auch in dem schon erwähnten Schmähgedicht verspottet. Darin hieß es:

Ich gestehe, daß ich Deine spagyrischen Träume nicht kenne,
    Du Lappes,
Ich weiß nicht, was Dein «Ares», Dein «Yliadus» ist
Oder das «Essatum» und der heilige, unverletzbare «Taphneus»
Und Dein «Archäus», der Begründer aller Naturkräfte.[126]

Es würde zu weit führen, diese Begriffe hier zu erklären. Es sei nur erwähnt, daß der *Archäus*, der ja schon in den *Archidoxen* begegnete, an dieser Stelle nicht speziell als der «kleine Alchemist» im Magen angesprochen wurde, sondern als «Verteiler und Zusammensetzer aller [Hervorhebung U. B.] Dinge und jene Kraft, welche die Dinge hervorgebracht hat»[127], also wesentlich allgemeiner aufgefaßt wurde. Im Schmähgedicht wurden auch die «spagyrischen Träume» des Paracelsus verspottet. Die Spagyrik (gebildet wahrscheinlich aus gr. spao = herausziehen, zerreißen und gr. ageiro = sammeln) war für Paracelsus nach den Basler Vorlesungen ein Synonym für die Alchemie, die Reines vom Unreinen trennt.[128] Spagyrik wurde später eine häufig gebrauchte Bezeichnung für die paracelsische «alchemische» Medizin.

Alles in allem war die «neue Medizin» des Paracelsus mit den Basler Vorlesungen öffentlich geworden. Auch wenn er noch nicht alle Verbindungen zur «Schulmedizin» gekappt hatte[129], war Paracelsus durch Form und Inhalt seiner Vorlesungen sowie durch sein Auftreten zum medizinischen Außenseiter geworden. Nur wenige «Schüler» sollten ihm zu Lebzeiten folgen.

In Kolmar hatte Paracelsus, wie schon kurz erwähnt wurde, eine rege ärztliche Tätigkeit entfaltet und galt, wenn man Johannes Oporinus trauen kann, im Kreise von «Edlen, Bauern und Bäuerinnen» geradezu als «zweiter Äskulap». Auch seine Aufnahme im Hause des Arztes Lorenz Fries wurde schon kurz angesprochen. Einzuflechten ist hier aber, daß diese Beziehung bald getrübt wurde. Fries, der wie Paracelsus auch prognostische Schriften verfaßte, schimpfte in seiner «Prognostication auf 1531» heftig darüber, daß «ettliche ihre teuffelische Necromantia mit dem Mantel der Astronomy bedecken wöllten, wie der äsopische Rab sich mit Pfauenfedern schmücke. Ich sorgen aber warlichen, ire schwartzen federn der lugen und boßheit werden bald widerumb herfür brechen, wie ynen auch vormals beschehen, do sye sich außgaben ein newe [neue] kunst der arztney zu lernen, verachten Hipocratem, Galenum und andere alten. Man mag nun leichtlich mercken, zu welchem ich schreib.»[130] Es ist tatsächlich einfach zu erraten, daß hier Paracelsus gemeint ist, gegen den der nicht leicht zu nehmende Vorwurf der Zauberei erhoben wurde. Paracelsus griff Fries seinerseits in einem – allerdings ungedruckten – fragmentarischen Vorwort im zeitlichen Umfeld des *Opus Paramirum* an und bezeichnete dessen «Spiegel der Arznei» (1518) als *aufgeklaubt*, das heißt kompiliert aus *verdorbenen elenden büchern in der arznei* (13, 3)[131].

Außer den beiden schon erwähnten Briefen an Bonifacius Amerbach gibt es kaum sicher datierbare Dokumente aus der Kolmarer Zeit. Am 11. Juni 1528 widmete Paracelsus dem *obersten Meister* (6, 304) der Stadt Kolmar, Hieronymus Boner, der auch als Humanist bekannt war, die *Zehn Bücher Von Blatern, Lähmi, Beulen, Löchern und Zitrachten der Franzosen und irs Gleichen* (6, 304). Eine Drucklegung gelang jedoch nicht. Am 8. Juli 1528 unterzeichnete Paracelsus in Kolmar die an Konrad Wickram, *Städtmeister zu Colmar* (6, 215) gerichtete Widmungsvorrede der *Sieben Bücher von allen ofnen Scheden, so aus der Natur geboren werden*. Doch auch in diesem Fall nützte die Widmung an eine einflußreiche Persönlichkeit nichts – die Schrift blieb ungedruckt.

Der Aufenthalt des Paracelsus in Kolmar wird weiter belegt durch ein Dokument vom 27. Mai 1528, das vom Inhalt her noch in die Basler Zeit zurückreicht.[132] Der Rat der Stadt Freiburg im Breisgau wandte sich darin an den Kolmarer Rat und bat um Unterstützung bei der Rückgabe von Ringen, die einem geisteskranken Patienten gehörten, den Paracelsus im Stadtspital zu Basel behandelt hatte. Diese Ringe sollten sich laut Schreiben im Besitz des Paracelsus befinden. Falls der Patient ihm diese wertvollen Ringe geschenkt habe, möge er sie – so der Freiburger Rat, an den sich die Ehefrau gewandt hatte – bitte zurückgeben. In dieser Angelegenheit sollte der Rat der Stadt Kolmar nun unterstützend eingreifen. Über den Ausgang der Sache ist jedoch nichts bekannt.

Die von Oporinus schon berichtete Neigung des Paracelsus zu Trunk und Mahl in seiner Elsässer Zeit wird auch aus anderer Quelle bestätigt. So existiert ein Brief (leider ohne Ortsangabe) eines gewissen Bartholomeus Slech vom 16. September 1528 an einen gewissen Johann Hummel in Kolmar.[133] Darin teilte Slech seinem Freund Hummel mit, daß «Theophrast, jener unvergleichliche Erforscher der Apollinischen Kunst», von Ruffach kommend an dem ungenannten Wohnort des Slech eingetroffen sei und zur Zeit bei seinem Schwager wohne. Bald werde er aber nach Kolmar zurückkehren, dann würden alle guten Zech- und Speisgenossen («omnes boni combibones et symposiastes») ihm entgegenkommen, um mit ihm den Humpen zu «küssen, daß die Zung vom Rachen nicht anbrennt werde».[134] Ohne Zweifel war Paracelsus in dieser Phase seines Lebens häufiger in feucht-fröhlicher Runde zu finden.

Als sicher in der Kolmarer Zeit abgeschlossen können nur die beiden schon erwähnten «chirurgischen» Schriften gelten.[135] Zur ersten dieser Schriften, *Von Blatern, Lähmi, Beulen, Löchern und Zitrachten der Franzosen und irs Gleichen*, sei hier nur notiert, daß Paracelsus in ihr u. a. gegen seiner Ansicht nach irrende Syphilisärzte polemisierte, von denen *einer flohe undern cardinal hut, der ander entrann ins Fuckers laden und halfen inen ir holz abladen* (6, 312). Tatsächlich aber besaßen die Fugger kein Einfuhrmonopol auf das Guajakholz, auf das hier angespielt wurde

Guajakverkäufer. Holzschnitt, 1519

Ulrich von Hutten.

Ulrich von Hutten.
Holzschnitt, 1521

(darauf wird im Zusammenhang der Nürnberger Syphilisschriften des Paracelsus noch näher einzugehen sein).[136] Und tatsächlich war das Interesse des Kardinals, gemeint ist der Erzbischof von Salzburg, Matthäus Lang, an ebendiesem Guajakholz wohl nicht so stark, wie die Äußerung des Paracelsus nahelegt, denn dessen Interesse ist nur indirekt bezeugt: Dr. Nikolaus Poll widmete Lang 1517 eine Guajakschrift, der Salzburger Arzt Leonhard Schmaus erwähnte Lang 1518 in einer weiteren Guajakschrift als Empfänger eines Berichtes über das Holz aus Amerika, und Ulrich von Hutten notierte in «De guaiaci medicina et morbo gallico liber unus» von 1519, daß ein namentlich nicht genannter Kardinal im Auftrag von Kaiser Maximilian eine Ärztekommission nach Spanien entsandt hatte, um Erfahrungen über das Holz zu sammeln. In dieser Schrift Huttens finden sich auch Anspielungen auf die Fugger und das Guajak, die, im Gegensatz zu einer früheren Äußerung Huttens, eine deutliche negative Tendenz haben. Manifest wurde die nun nicht mehr auf das Guajak beschränkte Kritik Huttens an den Fuggern und an jenem ungenannten, jedoch einfach als Matthäus Lang zu identifizierenden Kardinal im Dialog «Praedones» von 1521. Es ist also durchaus wahrscheinlich, daß Paracelsus in seiner Polemik gegen Lang und gegen die Fugger sich auf Hutten bezog und damit den Anlaß zu der später oft kolportierten Legende von einem Guajakmonopol der Fugger gab.

Zu den Konrad Wickram gewidmeten *Sieben Bücher von allen ofnen Scheden, so aus der Natur geboren werden* sei hier nur bemerkt, daß Paracelsus darin auf der Grundlage seiner Lehre von den drei «ersten» Substanzen den Ursprung aller offenen Schäden in einem gestörten Sal-Prinzip im Körper sah. Aus den verschiedenen «Salzen» empfangen die offenen Schäden nach Paracelsus je spezifische Form, Art und Wesen. Zugrunde liegt dieser Auffassung eine «chemische» Krankheitstheorie: Krankheit entsteht durch Abscheidung von Reststoffen, etwa so, wie Weinstein vom Wein abgeschieden wird. Der Leib aber enthält nach Paracelsus einen Balsam (auch *mummia* genannt), welcher *in behüt vor der feule, der ligt in allen den glidern und teilen des ganzen leibs, ein sonderlicher im blut, ein sonderer im mark* (6, 250). Dieser Balsam, die materialisierte Selbstheilungskraft des Körpers, müsse auf jeden Fall bewahrt werden, darin liege die vordringliche Aufgabe des Wundarztes, der nach Paracelsus wesentlich abwartend und bewahrend eingestellt sein solle. Heroische Eingriffe wurden nicht propagiert. Vielleicht könnte man am ehesten wegen einer solchen Theorie in Paracelsus den Vertreter einer «sanften» Medizin sehen, den viele heutige Deuter in ihm erkennen wollen. Doch ist dies sicher kein durchgängiger Zug bei ihm, denn – dies darf nicht vergessen werden – er setzte sich ja auch für eine verbesserte Therapie mit «chemischen» Präparaten ein, die stärker sein sollten als die «Naturheilmittel».

Nürnberg und weiter (1529/30)

Der genaue Reiseweg des Paracelsus nach dem Verlassen Kolmars ist nicht bekannt. Es steht nur fest, daß er über Esslingen nach Nürnberg führte. Im fragmentarischen *Büchlein vom Mercurio*, an dem Paracelsus 1530 arbeitete, schrieb er: *Mein elend das zu Eßlingen anfing, bestetten [bestätigten] die Nürnberger* (8, 259). Eventuell fällt in die Zeit nach Kolmar auch ein Aufenthalt in Nördlingen. Diese Stadt wird in der Vorrede zu einem fragmentarischen *Franzosenbuch* erwähnt: *Sie, dieselbige arzt, haben meine stück [«Franzosen»-Heilmittel] zu Nortlingen gemerkt dem getreuen rat, so euch offenbar und iedoch so wissen sie nichts* (7, 415). In Nördlingen wurde auch die undatierte Vorrede zu den *Zwei Büchern von der Pestilenz und ihren Zufällen* (8, 373) unterzeichnet.

Wann genau Paracelsus in Nürnberg ankam, ist nicht bekannt. Nur das Jahr 1529 scheint als Ankunftsjahr festzustehen, denn Sebastian Franck notierte in seiner 1531 erstmals gedruckten «Chronika, Zeitbuch und Geschichtsbibel» folgendes: «D. Theophrastus von Paracelsus, ein Phisi-

Nürnberg. Kupferstich, um 1600

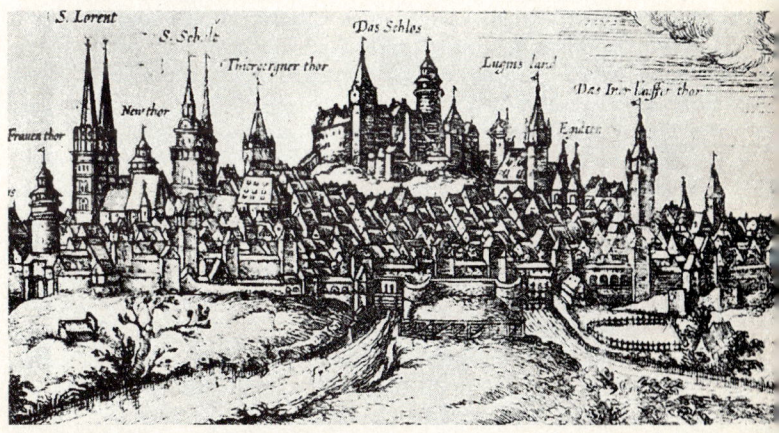

kus und Astronomus. Anno MDXXIX ist gemelter Doctor gen Nürnberg kummen. Ein seltzsam wunderlich Mann, der fast alle Doctores und Scribenten in Medicinis verlacht. Den Avicennam soll er verprent haben zu Basel in offenlicher Universität, und alein schier wider alle Medicos ist, mit seinen Recepten Judiciis Medicin und vil Widersinns mit vilen helt. Des Practiken schier wider all ist, gleichsam ein ander Lucianus.»[137] Eine sichere Zeitangabe zum Nürnberger Aufenthalt bringt nur die Widmung der *Von der Frantzösischen kranckheit Drey Bücher, Para* am 23. November 1529 an den Ratschreiber Lazarus Spengler (7, 69–71). Doch wohl schon bald verließ Paracelsus die bedeutende Reichsstadt an der Pegnitz wieder.

Die nächste sichere biographische Nachricht stammt aus Beratzhausen an der Schwarzen Laber, etwa 30 Kilometer nordwestlich von Regensburg. Hier, wo er auch am *Paragranum* arbeitete[138], verfaßte Paracelsus am 1. März 1530 eine Eingabe an den Nürnberger Magistrat, auf die gleich näher eingegangen wird.[139] Unklar ist, wann und wo ein von Sudhoff entdeckter lateinischer Brief des Paracelsus an einen Arzt in Nürnberg geschrieben wurde.[140] In diesem Brief, der zeitlich mit einiger Sicherheit vor die Eingabe aus Beratzhausen zu rücken ist, ist von einer Druckverhinderung paracelsischer Schriften in Nürnberg noch nicht die Rede. Im Gegenteil, es hieß da: *Was ich schreiben mag, schreibe ich, was Gestirn und Erde mich heißen, schreibe ich den wohl gekennzeichneten Ärzten zu und lasse es drucken.*[141] Doch dieser Optimismus hielt nicht lange an. Aus der Eingabe vom 1. März 1530 aus Beratzhausen geht hervor, daß der Nürnberger Senat die Drucklegung des sogenannten *Spital-Buches* und anderer Schriften des Paracelsus verboten hatte. Diese Eingabe sei wegen ihrer biographischen Bedeutung ausführlicher zitiert: *[…] demnach ich von imposturis der arznei [Von der Frantzösischen kranckheit Drey Bücher. Para] durch euer […] Erlaubnis in druck hab lassen ausgehen, nachfolgend mit merer notturft ein buch gesezt, in der gemein alle kranken betreffend, doch des fürnemens die armen kranken darin zu betrachten [also das Spital-Buch], auf das dieselbigen am wenigsten doch mit merem fleiß betracht und nit so jemmerlich verderbet würden, und dasselbig buch durch Hectors diener in die canzlei lassen antworten, darinnen ich sonderlich verhofft, dieweil ich hierin anders nichts dan die armen kranken allein betracht und die unerfahrenheit etlicher arzt zu erkennen gib, wol gehandlet sein, ist solchs durch [euch] nicht zu trucken vergunt und nachgelassen worden. nun aber in meim abwesen langt schriftlich an mich, wie das solches buch, auch ander mein schriften, durch [euch] niedergelegt und abgeschlagen sei, nemlich durch anbringen etlicher von Leipzig, villeicht nicht on scheltwort.* (8, 129) Paracelsus forderte im weiteren nachdrücklich, daß der Senat den Druck der inkriminierten Bücher gestatten solle. Er erwartete laut Eingabe eine schriftliche Antwort. Ob er eine solche bekam, ist jedoch ungewiß. Jedenfalls wurde das *Spital-Buch* zu Lebzeiten nicht gedruckt.

Es gibt keinen Anhaltspunkt dafür, daß Paracelsus nach diesen Vorfällen nach Nürnberg zurückkehrte. Man findet ihn anschließend für kurze Zeit in Regensburg, wo er die Sonnenfinsternis vom 29. März 1530 erlebte.[142] Es ist anzunehmen, daß er von Regensburg direkt nach Amberg weiterzog, wo er auf jeden Fall am 12. Juli 1530 die Vorrede zu einem *Büchlein vom Mercurio* unterzeichnete (8, 259). In diesem nur fragmentarisch erhaltenen Werk berichtete Paracelsus, daß er in Regensburg Kontakt mit einem Münzmeister *Bernhard vel [oder] Leonhard* (8, 260) hatte. Über diesen Münzmeister habe ihn Sebastian Kastner, ein reicher Bürger aus Amberg, der an einem gefährlichen Oberschenkelgeschwür litt, zu sich bestellt. Schon bei der Frage, wer den Ritt von acht Meilen bezahlen solle, habe es Probleme gegeben, worauf Paracelsus wieder abreisen wollte. Doch der mitgerittene Münzmeister habe ihn überredet, gegen Zusage von Kost und Logis sowie gegen Ausstellung eines Wechsels, der bei Gesundung des Patienten einzulösen gewesen wäre, im Haus Kastners zu bleiben. Der Bruder des Genannten, Hans Kastner, offensichtlich ein Laienalchemist, habe im Verlauf der Behandlung Heilmittel des Paracelsus ohne dessen Einverständnis nachgemacht. Daraufhin sei er, Paracelsus, noch vor der endgültigen Heilung des Patienten entlassen worden, ohne seinen Lohn zu erhalten (so zumindest die Darstellung des Paracelsus). Ähnliches war ihm wohl gerade kurz zuvor widerfahren. In einem Entwurf zum *Büchlein vom Mercurio* erwähnte er noch einen anderen Laienalchemisten mit Vornamen *Steffen* (8, 258), der wohl ebenfalls versucht hatte, die Geheimmittel des Paracelsus nachzuahmen. Es ist wohl derselbe *Steffen*, der in einem anderen Entwurf zum *Büchlein vom Mercurio* im Zusammenhang mit dem Nürnberger *elend* (8, 259) erwähnt wird, so daß man annehmen kann, daß diese Episode in die Nürnberger Zeit fiel.

Kurz nach der Abfassung der Vorrede zum *Büchlein vom Mercurio* am 12. Juli 1530 in Amberg muß Paracelsus weitergezogen sein. Die Vorrede zum zweiten Teil seiner *Psalter-Auslegung* wurde am 19. Juli 1530 in Zimmern unterzeichnet (Th 4, S. XLV). Um welches der vielen bayerisch-fränkischen Zimmern es sich dabei handelt, ist unklar.[143]

In der Zeit nach dem Kolmarer Aufenthalt entstanden neben diversen prognostischen Schriften, die noch darzustellen sind, mehrere medizinische Werke, von denen tatsächlich zwei gedruckt werden konnten, bevor das Druckverbot des Nürnberger Rates griff.

Zunächst erschien *Vom Holtz Guaiaco gründlicher heylung* (Nürnberg 1529, Fr. Peypus). Paracelsus griff mit dieser sehr kurzen Schrift in die aktuelle Diskussion um das schon erwähnte Modeheilmittel Guajakholz ein. Das Guajakholz war spätestens 1504 aus Mittelamerika nach Europa gebracht worden.[144] Es hatte sich rasch als Syphilistherapeutikum etabliert. In Deutschland wurde das Holz nicht zuletzt durch Ulrich von

Durch den hochgeler

ten herren Theophrastum von

hochenheym beyder Artzeney Doctorem.

Vom Holtz Guaiaco gründlicher heylung / Darinn essen vnnd trincken / Saltz vnd anders erlaubt vnd zu gehört.

Auch von den verfürigen vñ Irrigen büchern artzeten Brauch vnnd ordnung wider des holtz arth vnd natur auffgericht vnd außgangen.

Vom erkantntis was dem holtz zugehört vnd was nicht / auß welchem erstanden dis verderben der kranckheyten.

Dergleichen wie ein almuß aus dem holtz erstanden / dem ar men zu gut / Solchs in ein verderben gedyhen / weyter corri girt / vnd in einen rechten weg gebracht / mehr ersprießlich.

Auch wie etlich hölzer mehr sind denn allein Guaiacum / die gleich so wol als Guaiacum dise krafft haben.

«Vom Holtz Guaiaco
gründlicher heylung»,
1529, Titelblatt

Hutten bekannt, der sich 1518 einer Kur unterzog. Paracelsus wurde von dieser Guajakholz-Euphorie jedoch nicht erfaßt. Er wandte sich in seiner Schrift aber nicht generell gegen das Holz, sondern nur gegen dessen un-kritischen Gebrauch; grundlegende Betrachtungen zu der in Frage ste-henden «Franzosen»-Krankheit blieben im übrigen ausgespart.

Direkt im Anschluß daran erschienen *Von der Frantzösischen kranck-heit Drey Bücher. Para* (Nürnberg 1530, Fr. Peypus; eventuell frühere Ausgabe durch Jobst Gutknecht für Fr. Peypus, Nürnberg 1529; weitere Ausgabe: Köln 1530, H. Fuchs).[145] Paracelsus polemisierte darin gegen die Therapiemaßnahmen der «Franzosen»-Ärzte seiner Zeit, so zum Beispiel gegen die martialischen Quecksilber- und Guajakholzkuren. Er machte keine wirklich «revolutionären» Therapievorschläge, zeigte aber an, was er an den üblichen Maßnahmen für richtig hielt. Er empfahl u. a. – wohldosiert – *mercurius, margasita und die metall* (7, 108). Auffällig ist, daß Paracelsus hier wie schon in der Guajakholz-Schrift seine Mercurius-Sulphur-Sal-Theorie nicht erwähnt. Vielleicht hatte er aus vorhergehen-den Anfeindungen gelernt und verzichtete deshalb bewußt auf dieses be-

«Von der Frantzösischen
kranckheit Drey Bücher.
Para», 1530, Titelblatt

sonders augenfällige Zeichen seiner «neuen Medizin». Wegen seiner
Kritik an den Ärztekollegen erwartete Paracelsus aber schon mit siche-
rem Gespür eine gewisse *hinderung* (7, 70) durch seine Gegner, und diese
trat dann auch prompt ein.

Verhindert wurde zuerst, wie schon angeführt, der Druck des sogenannten *Spital-Buches*, das den «armen Kranken» gewidmet war (es
wurde erst postum im Jahr 1570 gedruckt). Von den geplanten zwei Teilen des *Spital-Buches* ist nur der wundärztliche erste Teil erhalten. Ob
der leibärztliche Teil überhaupt niedergeschrieben wurde, ist fraglich. Im
erhaltenen Teil spielte die «Franzosenkrankheit», das Hauptthema des
Paracelsus zu dieser Zeit, zwar eine gewisse Rolle, doch wurden die the-
rapeutischen Maßnahmen gegen diese Krankheit «nur mehr beispielsweise herangezogen, um allgemeintherapeutische Grundsätze klarzustellen im Gegensatze zu den humoralen der landläufigen Lehrbücher
der Medizin» [146]. Bemerkenswert ist das entschiedene Eintreten des Autors für die Unterprivilegierten. Bezeichnend für seine sozialethische
Grundhaltung sind vor allem die beiden Vorreden. In der ersten entbot

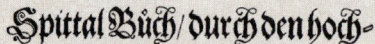

er *allen arzten seinen gruß* (7, 369). Hier fiel auch das große Wort: *der höchste grund der arznei ist die liebe* (7, 369). In der zweiten Vorrede grüßte er *die reichen* (7, 376). Nicht demütig bittend, sondern mahnend wandte er sich an sie: Arm und Reich seien aneinander gebunden *zu gleicher weis wie ein ketten* (7, 376). Der Reiche sei zur Caritas verpflichtet, besonders für Kranke, denn: *so wissent, das alle euer krankheiten auf erden in eim einigen spital ligen, reich und arm, das ist in dem spital gottes* (7, 376).

Das wichtigste Werk des Paracelsus über die damalige «Franzosenseuche», die nach heutiger Kenntnis wohl nicht als Syphilis, sondern als Frambösie, eine verwandte Form der bakteriellen Infektion also, betrachtet werden muß[147], lag 1530 ebenfalls abgeschlossen vor: *Von Ursprung und Herkommen der Franzosen samt der Recepten Heilung, acht Bücher.* Es wurde zu Lebzeiten des Paracelsus ebensowenig wie das *Spital-Buch* gedruckt. In der Vorrede heißt es, daß der Name der Krankheit genauer *nach seiner materi luxus, und nach seinem influß venus und nach der art der arznei crepinus* (7, 187) lauten müsse. *Luxus* ist dabei als un-

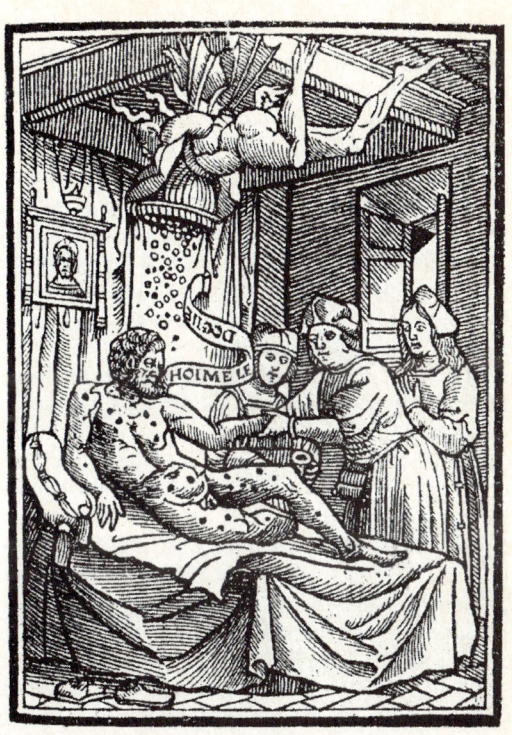

Behandlung eines
Syphilitikers.
Holzschnitt, 1512

natürlicher Geschlechtstrieb zu verstehen. *Venus* bezieht sich auf den be-
stimmenden planetarischen Einfluß. *Crepinus* selbst kommt im achten
Buch, das der Therapie gewidmet ist, nicht vor (eine der vielen kleinen
Inkonsistenzen im Werk des Paracelsus). Man kann nur aus einer Stelle
in *Von der Frantzösischen kranckheit Drey Bücher. Para* erschließen, daß
damit wahrscheinlich ein Tartarus-Mittel gemeint war (*erstatt die übrigen
zeit mit tartaro correcto, der do heißt crepinum intro versum*; vgl. 7, 179).
Auf weitere Einzelheiten dieser interessanten Schrift kann hier leider
nicht eingegangen werden.[148]

Wie schon ausgeführt, arbeitete Paracelsus während seines Aufenthaltes in Beratzhausen 1530 am *Opus Paragranum*. Wie lange die Nieder-
schrift dauerte, ist nicht bekannt. Bevor der Versuch unternommen werden soll, den Inhalt dieses komplizierten Werkes wiederzugeben, sei eine
methodische Vorbemerkung gestattet. Es gibt Texte, die einigermaßen
adäquat zusammenfassend dargestellt werden können. Es gibt aber auch
Texte, bei denen eine kurze Zusammenfassung so sehr verzerrt, daß man
bei der Lektüre der Originale nachgerade erschrickt. Zu dieser letzteren

Kategorie gehören viele Schriften des Paracelsus, dazu gehört sicher auch das *Opus Paragranum*.[149] Der Leser sei also gewarnt: In der folgenden Darstellung erzeugt die Konzentration auf Grundgedanken des Textes den Schein einer Kohärenz, die im Text selbst nicht gegeben ist.

In diesem *Opus Paragranum*, das im übrigen nicht vollendet wurde, stellte Paracelsus die Grundsäulen seiner «neuen» Medizin dar. Er vertraute nicht mehr auf die alten Autoritäten, sondern *auf vier seul, als in die philosophei, in die astronomei, in die alchimei und in die tugend* (8, 54). Philosophie ist für ihn denkende Durchdringung der «unteren», der irdischen Sphäre der Welt. Sie ist Natur-Philosophie im weitesten Sinne und bezieht Gesundes wie Krankes ein: *[...] die natur [ist] die krankheit selbs [...], darumb weiß sie allein, was die krankheit ist; sie ist allein die arznei, sie weiß der kranken gebrechen* (8, 70). Die Astronomie (nicht mit Sternguckerei und Horoskopkunst zu verwechseln) begreift nach Paracelsus die «obere» Sphäre, von der aber der Mensch auch Teil sei: *also das im menschen der himel sei und der luft wie außerhalben* (8, 91). Alchemie ist im *Paragranum* nicht identisch mit eitler Goldmacherei, sie ist für Paracelsus, wie schon in den *Archidoxen* formuliert, eine chemische Entbergungs- und Zeitigungskunst. Die Natur gebe *nichts an tag, das auf sein stat vollendet sei, sonder der mensch muß es vollenden. dise vollendung heißet alchimia* (8, 181). Dies gelte vor allem für die Arzneimittel, die gereinigt werden müßten, um besser zu wirken. Die vierte Säule der Arznei ist die Tugend (*proprietas* oder *virtus*). In diesem Kapitel wird der sehr hohe Anspruch des Paracelsus an die ethische Grundhaltung des Arztes deutlich (es mag dahingestellt sein, ob er diesen Anspruch selbst erfüllte): Der gute Arzt müsse demnach u. a. redlich, wahrhaftig, rein, keusch, treu und *kunstreich* (belesen, erfahren, weitgereist etc.) sein, mit einem Wort, kein *wolfarzt*, sondern *wie ein lamb und schaf* (8, 203), um *nit ime sondern andern den nuz [zu] tragen und geben* (8, 203).

In der frühen Neuzeit betätigten sich nicht nur Absolventen der Artistenfakultät, sondern auch Ärzte als Vertreter einer höheren Fakultät vielfach astrologisch oder, wie man auch sagte, «mathematisch». Ohne hier auf Einzelheiten eingehen zu können, sei erwähnt, daß zu den beliebtesten Sparten der Astrologie bzw. der Astronomie (die beiden Bereiche waren oft nicht streng geschieden) in der frühen Neuzeit die Jahresvorhersagen (üblicherweise handelte es sich – siehe dazu auch weiter unten – um Einjahresvorhersagen) und die Kalender zählten. Mit diesen Werken konnte man gutes Geld verdienen, es verwundert daher nicht, daß auch Paracelsus sich astrologisch-prophetisch betätigte, und es verwundert nach dem bisher über ihn Gesagten auch nicht, daß er auch in diesem Feld nicht gerade zu den konventionellen Autoren zählte.

Paracelsus begann seine prognostische Laufbahn mit der *Practica [...] gemacht auff Europen/anzufahen in dem nechstkunfftigen Dreyssigsten Jar/Biß auff das Vier und Dreyssigst nachvolgend* aus dem Jahre 1529.[150]

Von dieser Schrift gelangten in den Jahren 1529 und 1530 immerhin sieben Ausgaben in Druck, wobei noch nicht geklärt ist, ob die Erstausgabe in Straßburg oder in Nürnberg erschien. Paracelsus begründete die Veröffentlichung einer Vierjahrespraktik im Epilog damit, daß man nicht nur den Hauptregenten des *gegenwärtigen himels* (7, 465) als Grundlage für Vorhersagen nehmen dürfe. Die Planetenkonstellationen hätten auch eine zeitliche Fernwirkung. Er hielt es im übrigen nicht für nötig, die einzelnen Jahreskonstellationen anzuführen. Zu den Prognosen ist zu sagen, daß sie relativ vieldeutig waren. So lautete die zentrale Vorhersage etwa: *[...] acht sol gehalten werden in disen vier jaren auf vier ding, nemlich auf zwen mechtig aufrürisch hern, wiewol noch sonst vil mer aufrürisch sein werden, auch vertriben irs lands, dergleichen mancherlei aufrür in ander weg; dasselbig lassen wir stehen auf sein practic. Darnach merkent auf zwo aufrürisch mechtig secten, die all zu hauf einfallen werden* (7, 460). Interessant ist diese Schrift nicht nur wegen des Inhalts, sondern auch deshalb, weil auf dem Titelblatt, wie schon erwähnt, erstmals der Beiname «Paracelsus» erschien, und zwar in der Form *Theophrastus Paracelsus* (8, 459).

Eng verbunden mit der Vierjahrespraktik war eine *Pronosticatio [...] auf dis gegenwertig jar, betreffend ein Confederation, so von andern Astronomis und Practicanten dis jar ausgelassen und ubersehen ist,* die 1530 gedruckt wurde. Dieser nicht näher spezifizierten Konföderation wurde eine große politische Zukunft vorhergesagt, sie werde *bestendig bleiben bis in lange jar* (7, 471).

In engem Zusammenhang mit dieser Prognostikation stand wiederum die nur fragmentarisch überlieferte sogenannte *Auslegung über ettliche Figuren Johannes Liechtenbergers* (7, 475–530), wie der letzte Satz der «Konföderations»-Schrift belegt: *Was von solcher confederation weiter zu verstehen ist oder notturftig zu wissen, wird [sic] ich in der auslegung uber die Liechtenbergisch constellation nachfolgend erzelen; dasselbig durchlesen mit fleiß in allen figuren* (7, 473). Johannes Lichtenberger hatte 1488 eine prophetisch-astrologische Schrift mit 45 Holzschnitten in Druck gehen lassen, in der er u. a. die Erscheinung eines Engelshirten und eines Friedenskaisers (er identifizierte letzteren mit Maximilian I.) prophezeite. Paracelsus widersprach in seiner im übrigen ungedruckten Schrift Lichtenberger wegen seiner pro-französischen, pro-habsburgischen Einstellung heftig.[151] Nach Paracelsus werde der Friedenskaiser aus «deutschem» Blut entstehen.

Eine weitere magische Bildinterpretation entstand etwa zu gleicher Zeit, das heißt um 1529/30. Diese sogenannte *Auslegung der Nürnberger Figuren* blieb ebenfalls zu Lebzeiten ungedruckt.[152] Sie wurde von einer Schrift angeregt, die der Nürnberger Reformator Andreas Osiander 1527 publiziert hatte. Osiander hatte im Zuge der Auslegung einer Serie von Papstbildern (seinerzeit Joachim von Fiore zugeschrieben) den Unter-

Außlegung

Der Figuren / so zu Nü=
renberg gefunden seind worden / ge=
fürt jn grundt der Magischen Weißsa=
gung / durch Doctorem Theo=
phrastum von Ho=
henheim.

Getruckt jm Jar / M.D.Lxix.

«Auslegung Der Figuren / so
zu Nürenberg gefunden», 1569,
Titelblatt

gang des Papsttums prophezeit. Gleichzeitig sah er in den Bildern den
Reformator Luther angekündigt. Paracelsus kritisierte zwar in seiner
Auslegung der Figuren ebenfalls das Papsttum vehement, doch die lu-
therfreundliche Tendenz Osianders wies er entschieden zurück. Paracelsus setzte zu dieser Zeit offensichtlich keinerlei Hoffnung mehr auf Luther und auf die Wittenberger Reformatoren.

St. Gallen und weiter
(1531–1535)

Anfang und Ende der nächsten «Epoche» im Leben des Paracelsus liegen im Dunkel. Erst mit der Widmung des Tartarus-Buches des *Opus Paramirum* am 15. März 1531 an den Stadtarzt und Bürgermeister zu St. Gallen, Joachim von Watt (Vadianus), wird Paracelsus in St. Gallen sicher nachweisbar (9, 121). Das Ende – zumindest des wichtigsten Teiles – seines St. Galler Aufenthaltes fällt in die Zeit kurz nach dem Tod seines Patienten Christian Studer, der am 30. Dezember 1531 verstarb.[153] Was anschließend geschah, ist nur in Umrissen zu rekonstruieren.

Nach einer apokryphen Notiz im Handschriftenkatalog der Vadianischen Bibliothek in St. Gallen weilte Paracelsus zumindest kurze Zeit auf Schloß Horn am Bodensee, das Bartholomäus Schobinger gehörte. Die Notiz lautet: «Sein [Bartholomäus Schobingers] Reichtum erlaubte ihm, den Wissenschaften, insbesondere der Alchymie zu leben, über die er auf seinem Schloß Horn mit Paracelsus verhandelte.»[154] Doch ob diese Verhandlungen auf Schobingers Schloß tatsächlich auf Spätwinter oder Vorfrühling 1532 zu datieren sind, wie Rosner annimmt, ist unklar.[155]

Unklar ist auch, wann genau ein Treffen des Paracelsus mit Herzog Ulrich von Württemberg auf dem Hohentwiel bei Singen stattfand. Dieses Treffen wird im «Diarium» des St. Galler Leinwandherren Johannes Rütiner erwähnt, der auf der Grundlage von Berichten diverser Gewährsleute zwischen 1529 und 1539 eine Art Chronik in lateinischer Sprache verfaßte. Nach ihr prophezeite Paracelsus dem Herzog die Wiedereinsetzung in seine 1519 verlorene Herrschaft.[156] Da der Herzog die Herrschaft nach kriegerischen Auseinandersetzungen mit dem Haus Habsburg 1534 tatsächlich wieder antrat, müßte dieses Treffen 1532 oder 1533 stattgefunden haben, denn sonst wäre die Prognose unsinnig gewesen. Eine sichere Zeitangabe ist beim gegenwärtigen Forschungsstand jedoch nicht zu erreichen.

Unbrauchbar für eine nach Zuverlässigkeit strebende Paracelsus-Historiographie ist auch eine Angabe in einer Wolfenbütteler Handschrift, die eine Abendmahlsschrift des Paracelsus (*Quod sanguis & caro Christi sit in pane et vino*) enthält. Eine Schlußnotiz, die nur in dieser Handschrift enthalten ist, besagt, daß die Schrift in «Roknh…» entstanden sei,

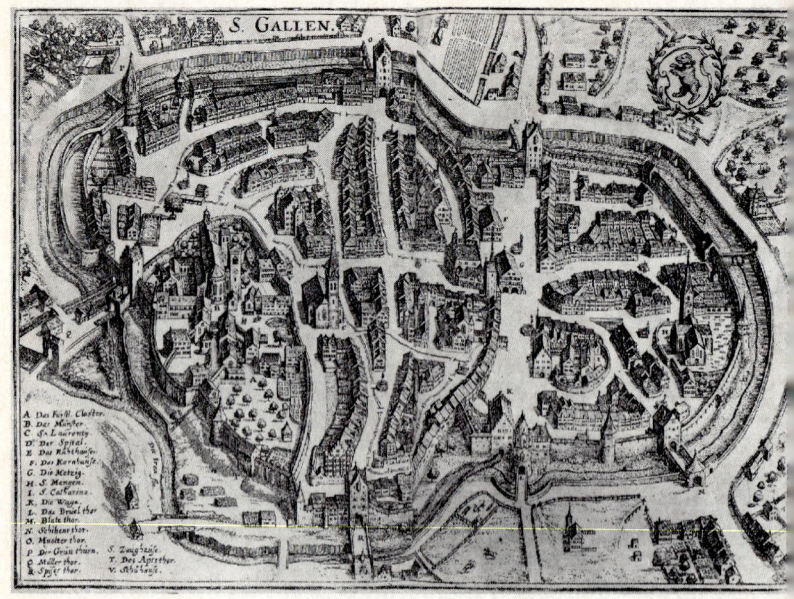

St. Gallen. Kupferstich

wobei die drei Punkte einen unleserlichen Schnörkel bezeichnen. Neuerdings neigt die Forschung wieder der ursprünglich von Sudhoff geäußerten Ansicht zu, daß damit der Weiler Roggenhalm bei Bühler gemeint sein müsse.[157] Was Paracelsus hierhin verschlagen haben könnte, ist ungewiß.

Ungewiß bleibt auch der genaue Bezug einer Stelle in der «Bibliotheca universalis» Konrad Gesners von 1545, wonach Paracelsus theologische Abhandlungen für den Abt von Sankt Gallen verfaßt habe.[158] Abt Diethelm Blaurer (Blarer von Wartensee), der kurze Zeit der Reformation zuneigte, war im März 1532 wieder im Kloster zu St. Gallen eingezogen. Die Theologica müßten also nach diesem Termin verfaßt (oder auch nur adressiert) worden sein. Doch um welche Theologica es sich dabei handelte, ist nicht bekannt.[159]

Sicheren Grund erreicht der Paracelsus-Biograph erst wieder mit einer Rechnung, die am 17. Dezember 1533 in St. Gallen ausgestellt wurde.[160] Demnach bezahlte die Abteikasse vierlehalb Gulden «für doctor teofrasten von wegen her hansen» (das ist wohl der Münsterprediger Johannes Heß).[161] Doch schon wenig später, Anfang 1534, findet man Paracelsus nach eigener Angabe in einem Geleitwort zu einem *Büchlein von der Pest an die Stadt Sterzing* schon in Innsbruck (9, 562). In diesem Geleitwort hieß es die Zeit vor der Ankunft in Innsbruck betreffend nur kryptisch: *wiewol mich das gegenwertig iar in ein ungeduldig ellent getriben, dan gunst, gewalt und die huntsketten waren mir zu schwer uberladen, aus welcher zwangnus frembde land behend zu besuchen bezwungen [...] Innspruck heimgesucht* (9, 561). Ob dies auf St. Gallen zu beziehen ist, muß offenbleiben. In Innsbruck erschien Paracelsus nach eigener Aussage der *gleichmeßigen staffirung mitelmeßig* (auf sein dürftiges Äußeres zu beziehen?), so daß *not was fürbaß zustreichen* (9, 561).

Laut Geleitwort zu diesem *Büchlein von der Pest* gelangte Paracelsus anschließend nach Sterzing, wo er zwei Freunde fand, *den Kerner und Marx Poschinger* (die beiden Freunde sind nicht näher identifiziert). Eine Formulierung in diesem Geleitwort (*under welchem die pestilenz in der region ingerissen*) läßt darauf schließen, daß seine Ankunft vor den Ausbruch der Pest in Sterzing im Juni 1534 fiel.[162] Zur Behandlung dieser Krankheit gab Paracelsus nach eigener Angabe seine Geheimmittel preis, er habe *kein arcanum nit verhalten* (9, 561). Doch die schriftliche Fixierung der Mittel habe ihm kein Lob eingebracht, der erhoffte Ausweg aus dem *Elend* wurde nicht gefunden. Zwei Dinge vor allem seien ihm nachteilig ausgelegt worden: Wegen seiner Armut sei er von dem Bürgermeister Sterzings, der in Innsbruck «richtige» Ärzte in seidenen Kleidern gesehen hatte, angegriffen worden, wegen seiner «Frommheit» sei er vom Prediger und vom Pfarrer *gerichtet* (9, 562) worden. Auffällig ist der Titel, den Paracelsus sich in dieser Zeit beilegte: *der heiligen schrift professor, beider arznei doctor* (9, 561). Mit Professor der Heiligen Schrift ist hier nach Goldammer nicht ein Universitätslehrer gemeint – Paracelsus beging also keine Amtsanmaßung –, sondern ein (allerdings selbsternannter) Gelehrter der Heiligen Schrift.[163]

Nach den angedeuteten Vorfällen in Sterzing brach Paracelsus, wahrscheinlich noch im Jahre 1534, zusammen mit dem neuen Freund Marx Poschinger nach Meran auf, wo er nach eigener Aussage *Glück und Ehre* fand (9, 562).

Zurück zum Aufenthalt in St. Gallen, der aller Wahrscheinlichkeit nach Anfang 1531 begann. Der wichtigste Patient des Paracelsus in St. Gallen war der betuchte und einflußreiche Bürgermeister des Jahres 1530, Christian Studer. Bartholomäus Schobinger [auch: Schowinger] (1500–1585), der Schwiegersohn Studers, berichtete in einem Brief, den er etwa um 1576 an einen unbekannten Adressaten schrieb, daß Paracelsus sich 27 Wochen lang im Hause Studers aufgehalten und ihn behandelt habe.[164] Schobinger gab in diesem Brief an, er habe Paracelsus «gar wol kent». Rückblickend fiel sein Urteil wenig vorteilhaft aus: Demnach habe Paracelsus, wie «offt im werckh befunden» (gemeint ist wohl, wie die Praxis erwiesen habe), etliche Dinge, die er geschrieben habe, «selb nit recht verstanden».[165] Über die Behandlung Studers durch Paracelsus informiert auch das schon erwähnte «Diarium» Rütiners.[166] In einer 1534 niedergeschriebenen Notiz hielt Rütiner folgende Aussage des Bartholomäus Schobinger [B. S] über seltsame Behandlungsmethoden, die Paracelsus bei Studer angewandt habe, fest. In der Übersetzung Rüschs lautet sie: «Dem Sebastian Cuntz [Schulmeister in St. Gallen] hatte er [Paracelsus] gesagt, er habe eine sehr schöne Bibliothek. Ebenso sagte er dem Bartholomaeus Schobinger, er habe eine in München. Aber Bartel [B. S.] sagt, es seien reine Schwätzereien. Er ist ein sehr eitler Mensch, ein Verschwender, nicht einmal des Königs von Frankreich Güter genügten ihm. Er [B. S.] erwischte ihn, als er den Schwiegervater [Christian Studer] behandelte, wie er mit chiromantischen Zeichen einen Dämon beschwor. Er [B. S.] setzte ihm zu und erkundigte sich nach allem. Er weigerte sich lange [Auskunft zu geben]. Schließlich sagte er [B. S.]: ‹Verbirg es nicht, denn ich weiß, daß alles ganz wahr ist›, und erzählte, es sei vor fünf Jahren im Etschland gewesen, da habe er von einem, mit dem er viel vertrauten Umgang hatte, [folgt Wechsel der Satzkonstruktion] der habe ihm [alles über P.] erzählt; dem hatte er [P.] einige Sprüche seiner Beschwörung hinterlassen. Da bekannte er endlich alles. [Als Gewährsmann genannt: Bartolomaeus Schobinger].»[167] Da auch im Werk des Paracelsus gelegentlich von «magischen» Behandlungen mit Amuletten die Rede ist, besteht kein Grund, an den Angaben Schobingers zu zweifeln.

Aus St. Gallen ist noch eine weitere merkwürdige «Kur» des Paracelsus überliefert[168]; Rütiners Gewährsmann war in diesem Fall der St. Galler Kleinbürger Caspar Tischmacher, dessen Sohn Paracelsus auf umstrittene Weise behandelt hatte. Paracelsus hatte laut Tischmacher dem Jungen einen Handknochen herausgenommen, worauf eine Kontraktur entstanden sei. Tischmacher habe Paracelsus vor die «Elferräte oder die Meister der Wundärzte» zitiert (die Stelle ist unklar; im Original heißt es: «citavit illum ad Undenarios sive magistros chirurgiae»). Paracelsus habe jedoch verächtlich reagiert und die Mitglieder dieses Gremiums «arskratzer» genannt. Dann sei die Angelegenheit vor den Senat gekommen. Nach weiterem Hin und Her, wobei auch der schon erwähnte Bartholomäus Schobinger eine Rolle spielte (er setzte sich offenkundig zu dieser Zeit für Paracelsus ein), habe Paracelsus angeordnet, dem Jungen eine Nacht lang lebende Regenwürmer auf die Hand zu binden. Am dritten Tag sei er geheilt gewesen. Eine wunderbare Heilung also! Ob die Anweisung des Paracelsus ernsthaft oder als Scherz gedacht war, ist in der Forschung umstritten. Als Hinweis auf eine seriöse Absicht kann jedoch verstanden werden, daß Paracelsus an einschlägiger Stelle, im sogenannten *Kontrakturenbuch* (2, 484), zusammen mit anderen Mitteln aufgeweichte und destillierte Regenwürmer empfahl.[169]

Während seines Aufenthaltes in St. Gallen trat Paracelsus in briefliche Verbindung mit dem Reformator Leo Jud in Zürich. Es existieren zwei Brieffragmente, die wohl als Begleitschreiben zur Übersendung einer

Kometenschrift an Jud aufzufassen sind (9, 393). Ein weiteres an Jud adressiertes Fragment bedarf noch der genaueren Einordnung, könnte jedoch ebenfalls einen Entwurf zu einem Begleitbrief an den Zürcher Reformator darstellen.[170] Jedenfalls widmete Paracelsus die *Ußlegung des Commeten erschynen im hochbirg [...] Anno 1531* laut Vorrede vom 26. August 1531 Leo Jud (9, 373), den er als *min Leo* und als *min gemeinisten zu Zürch* bezeichnete. Wie es in der Vorrede weiter hieß, war die Schrift nicht nur Jud, sondern auch *unserem hocherfarnen meister Ulrichen Zwingli sonderlich zugeeignet* (9, 373). Paracelsus hatte nach eigener Angabe einiges von der *arbeit*, das heißt den Werken der Adressaten gelesen. Er bezeichnete Jud und Zwingli als *der warheit vorgenger* (9, 373), die Richter über seine Schrift sein sollten. Bei Gefallen solle man seine Schrift eilends drucken lassen, ehe andere Astronomen *mit irer einfalt intrigint [eindringen]* (9, 373). Leo Jud antwortete in einem kurzen Brief vom 3. September 1531, in dem er «herrn Paracelso Theophrasio von Hohenheim zu S. Gallen seinem liben herrn» (9, 392) mitteilte, daß er sein Kometenbüchlein sofort gelesen und noch in derselben Nacht in Druck gegeben habe. Mit dem Brief übersandte Jud einige druckfrische Exemplare.

«Ußlegung des Commeten», 1531, Titelblatt

Mit der beabsichtigten Drucklegung medizinischer Schriften in St. Gallen hatte Paracelsus dagegen weniger Glück. Die Widmung des noch zu besprechenden *Opus Paramirum* an den einflußreichen St. Galler Arzt und Humanisten Joachim von Watt nützte offenkundig nichts.[171] Watts Urteil über Paracelsus in dieser Zeit war – urteilt man nach einem Brief an Clauser in Zürich – indifferent bis skeptisch. In diesem Brief vom 11. September 1531 aus St. Gallen erkundigte sich Watt nach einem «Büchlein Prophezeiungen», das Paracelsus gerade herausgegeben habe, gemeint ist wohl die *Ußlegung des Commeten*.[172] Watt hatte nach eigener Angabe noch keine Zeit gehabt, das Büchlein zu lesen. Er bat Clauser deshalb um eine Beurteilung. Über Clausers Reaktion ist leider nichts bekannt, sie dürfte allerdings nicht positiv gewesen sein, denn er zählte (trotz des Briefes des Paracelsus aus Basel an ihn) sicher nicht zu den Freunden des Neuerers, wie schon berichtet wurde.

Es sei noch einmal daran erinnert, daß bis zu diesem Zeitpunkt noch keine umfangreichere medizinische Schrift des Paracelsus gedruckt worden war, in der er seine Lehre ausführlich hätte darlegen können. Das *Opus Paramirum*, an dem Paracelsus um 1531 arbeitete, sollte nun endlich die Grundprinzipien seiner Medizin (vor allem zur Krankheitslehre) an die Öffentlichkeit tragen. Dazu wählte er als Schwerpunktthemen die Drei-Prinzipien-Lehre, die Tartarus-Lehre, die Lehre von den Frauen und ihren Krankheiten und die Lehre von den «unsichtbaren Krankheiten und ihren Ursachen» aus. Da die Zählweise der «Bücher» des *Opus Paramirum* nicht einheitlich gehandhabt wird[173], sei für das folgende festgelegt, daß die beiden Teile über die Drei-Prinzipien-Lehre, im Einklang mit Paracelsus, der im Beschluß der beiden Teile explizit *vom erst buch meiner paramirischen schriften* (9, 120) sprach, als erstes Buch, das «Tartarus»-Buch als zweites Buch, das «Frauen»-Buch als drittes Buch und das «Buch von den unsichtbaren Krankheiten und ihren Ursachen», das auch zum *Paramirum* zählt, als viertes Buch bezeichnet werden.

Im ersten Buch ging Paracelsus auf die schon des öfteren erwähnten «drei Ersten» *Mercurius*, *Sulphur* und *Sal* ein: *dise drei machen den ganzen menschen und sind der mensch selbs und er ist sie; aus denen und in denen hat er all sein guts und böses betreffend den physicum corpus* (9, 40). Paracelsus erläuterte das Verhältnis der «drei Ersten» mit dem Bild eines verbrennenden Holzstücks: Das, was brennt, ist *Sulphur*, das, was raucht, ist *Mercurius*, das, was zu Asche wird, ist *Sal* (9, 46). Kritisch ist zu seiner Denk- bzw. Darstellungsweise anzumerken, daß er, obwohl er im *Paramirum* wie schon in der *Einladung zu den Basler Vorlesungen* die Erfahrung als sein erkenntnisleitendes Prinzip bezeichnet, doch alles andere als eine Erfahrungswissenschaft vertritt. Besonders augenfällig ist seine spekulativ-intuitive Grundhaltung dann, wenn er im *Paramirum* auf die Rolle der Sterne bei der Pathogenese zu sprechen kommt. Erst der Funken Feuer aus den Sternen bewirke zum Beispiel die Krankheit

«Das Buch
Paramirum», 1565,
Titelblatt

des Sulphurs im Körper, die dann in der Folge den ganzen Leib krank
mache. Interessant und aktuell in diesem ersten Teil sind eher Rand-
bemerkungen. So notierte Paracelsus angesichts der Fragilität mensch-
licher Gesundheit in anrührender Weise, daß Zeit und Tod die wahren
Meister der Medizin seien: *so die zeit kompt, so wird nichts angesehen
dan auf und darvon. diser zeit endung ist der tot, der sizt neben uns und
wartet auf unser bella intestina, wo er muge einbrechen* (9, 99). Im *Labyrinthus medicorum* (1538) benannte Paracelsus später die kreatürliche
Kränklichkeit des Menschen noch deutlicher mit dem Wort: *der mensch
ist zum umfallen geboren* (11, 198). Wer so denkt, kennt die Grenzen des
Menschen und der Medizin!

Das zweite Buch des *Opus Paramirum*, das «Tartarus»-Buch, schließt
direkt an das Drei-Prinzipien-Buch an: *nun haben dieselbigen drei ding
bei inen ein egestion, kot und unsauberkeit; dan nichts ist das ein narung
sei, das da nit hab bei im den dreck oder kot seiner eignen digestion* (9,
122). Diese «Kotkrankheiten» sind die schon bekannten Tartarus-
Krankheiten. Hauptentstehungsort des Tartarus ist laut *Paramirum* der

Magen, tartarische Abscheidungen und damit Steine können aber auch in allen anderen Organen entstehen.

Das dritte Buch des *Paramirum* behandelt unter der Überschrift *De matrice* die Frau und ihre Krankheiten. Eingangs unterschied Paracelsus (große) Welt, Mensch und Frau als drei verschiedene Welten, wobei die Frau als *die kleineste und hinderste* (9, 179) Welt bezeichnet wurde (ein besonders großer Freund der Frauen war Paracelsus also nicht!). Die Frau sei, so Paracelsus weiter, zwar aus dem Mann entstanden, dennoch aber anders: *[...] anderst ist auch ir anatomia und philosophia, theorica und physica und aber gleichmeßig den andern zweien [große Welt, Mann]* (9, 180). Deshalb seien die Frauenkrankheiten auch von den Männerkrankheiten zu unterscheiden.

Als das eigentliche vierte Buch des *Paramirum* ist das «Buch von den unsichtbaren Krankheiten und ihren Ursachen» anzusehen. Paracelsus selbst schrieb zum Verhältnis dieses Buches zum *Paramirum*: *Demnach ich volendet hab die drei bücher [des Paramirum] im liecht der natur und im selbigen erzelt die anligen und gebresten des sichtbaren und leiblichen teils microcosmi [...] so ist aber doch das anligen des sichtbaren teils microcosmi noch nit gar erzelt* (9, 251). Es gebe noch den *andern teil des andern halben menschen* (9, 251), der unsichtbar und doch *greiflich* (9, 252) sei.[174] Dieser «geistige» Teil des Menschen könne auch krank werden. Psychiatrisches im heutigen Sinne war damit nicht gemeint[175], das eigentliche Thema war vielmehr Magie im weitesten Sinne. So beschrieb Paracelsus im ersten Teil Geistkrankheiten, die *der glaube gibt* (9, 259). Durch «falschen Glauben» könne der Teufel Einfluß auf den Menschen und seinen Gesundheitszustand gewinnen. Und wie der Teufel könne auch der Mensch durch den Glauben *unsichtbar [...] streiche* tun (9, 263), also Schadenszauber vollbringen. Aus Seitenbemerkungen erhellt auch, daß Paracelsus durchaus an die Existenz von Hexen glaubte: *also werden die hexen und schwarzkünstler geboren* (9, 323). Ausführlicher behandelte Paracelsus dieses Thema in der *Philosophia de divinis operibus et factis* (*Philosophie der göttlichen Werke und Taten*), die wohl zwischen 1529 und 1532 entstand. Paracelsus unterschied darin zwischen Hexenzeichen und Hexenwerken. Hexen, die noch keine bösen Werke begangen hätten, seien durch «christliche» Heilmittel wie Beten und Fasten noch heilbar. Wie Paracelsus sich das Vorgehen gegen Hexen vorstellte, die nach Ansicht der Umgebung «aktiv» geworden waren, hat er nicht ausgeführt. Es läßt sich jedoch erschließen, daß er in solchen Fällen wohl kaum zur Milde geraten hätte.[176]

Während die Drucklegung des *Opus Paramirum* nicht gelang, konnte Paracelsus 1531/32 mehrere kurze prognostische Schriften publizieren: Neben der schon erwähnten *Ußlegung des Commeten erschynen im hochbirg [...] Anno 1531* (1531) waren es die folgenden: *Ußlegung der*

Der Hexensabatt.
Clair-obscur-
Holzschnitt von
Hans Baldung,
gen. Grien, 1510

Erdbidem [...] (1531); *Ußlegung deß Fridbogens [...]* (1531); *Ußlegung des Cometen und Virgultae [...]* (1532). Diese Texte seien hier nur summarisch behandelt.[177] Für Paracelsus waren Naturerscheinungen wie Kometen, Erdbeben etc. zumeist warnende Zeichen der Zeit. Als von Gott gesandt seien sie mittels der Bibel auszulegen. Nähere Einzelheiten dieser Auslegungsmethode verschwieg Paracelsus jedoch. Seiner Ansicht nach könne sich jeder Christ die entsprechenden Deutungen leicht selbst erarbeiten. Bemerkenswert im Hinblick auf die spätere Entwicklung des Paracelsus im Bereich der Prognostik ist noch, daß in der *Ußlegung des Commeten* (ausgelegt wurde übrigens der später nach Halley benannte periodische Komet) die «heidnische» Astrologie, die zur Wettervorhersage eingesetzt werde, mit den Worten abgelehnt wurde, sie diene nicht

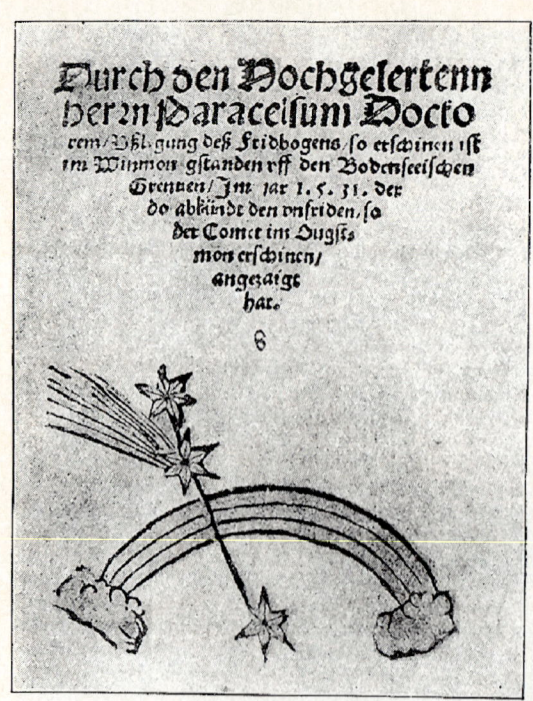

«Ußlegung
deß Fridbogens»,
1531, Titelblatt

etwa den Bauern, sondern nur den Wucherern, die mit diesen Prognosen ihre riskanten Geschäfte besser planen könnten.

Mit Sicherheit verfaßte Paracelsus zwischen 1530 und 1534 auch theologische Schriften. Zu diesen Schriften der sogenannten «mittleren» theologischen Periode zählen die *Psalter-Auslegungen*, die *Abendmahlsschriften* und die sogenannten *Vita-beata-Schriften*.

Die *Auslegung des Psalters Davids* entstand wohl um 1530. Die Vorrede zum zweiten Teil wurde, wie schon erwähnt, am 19. Juli 1530 in Zimmern unterzeichnet (Th 4, S. XLV). Erhalten sind nur die Auslegungen zu den Psalmen 75 bis 150, die in der modernen Edition immerhin dreieinhalb Bände ausmachen. Erst jüngst konnte Martin Brecht im Rahmen einer kürzeren Studie den Nachweis erbringen, daß Paracelsus bei seiner Auslegung häufig auf die Psalmenübersetzung Luthers von 1524 Bezug nahm, doch steht eine systematische Analyse dieses monumentalen Kommentars noch aus.[178] Um einen gewissen Eindruck von dem Ziel zu geben, das Paracelsus vorschwebte, sei aus dem Schlußwort folgendes sozialethische Bekenntnis zitiert: *darumb, leser, lis und laß dich nit scheu-*

chen [scheu machen durch] die streng prophecei Davids! er hat alle falsche
christen angezeigt und die falschen stend, wonung und ordnung und allen
falsch und betrug, den wir halten fur die warheit [...]. darumb sech [sehe]
ein ieglicher fur sich selbs, daß er den David ihm als ein propheten annem
und glaub Christo und ziech sich vom mammon und großen abtgot und
von den reichen. dann sie werden in abgrund der hellen vergraben (Th VII,
S. 115). Diese gegen falsche Christen und vor allem gegen «Reiche» gerichtete Aussage bestätigt jedenfalls die Einschätzung von Brecht, daß
Paracelsus, der ewig Unzufriedene, «immer nur Kritiker der bestehen-
den Verhältnisse, nicht aber der Gestalter einer neuen christlichen Gesellschaft sein konnte, die es seiner Meinung nach erst in der Endzeit
geben wird»[179]. Auch im Bereich der Theologie war Paracelsus – zumindest zu Lebzeiten – isoliert. Dies belegen auch seine weiteren theologischen Schriften aus dieser Zeit.

Für die Abendmahlsschriften ist festzuhalten, daß die meisten von ihnen wohl als Teil einer Einheit gedacht waren (Gesamttitel: *Philosophia*
de limbo aeterno).[180] Im Gegensatz zu den einschlägigen Schriften Luthers und Zwinglis erörterte Paracelsus in seinen Abendmahlsschriften
weniger das Geschehen im Abendmahl selber, ihm ging es vorzugsweise
um die «neue Schöpfung» des Menschen durch Christus, die für ihn mit
dem Sakrament verknüpft war. Deshalb zog er nicht nur die Einset-
zungsworte Christi bzw. andere direkt auf das Abendmahl bezogene Bi-
belstellen heran, sondern griff auf eine Vielzahl von Stellen zurück, die
das Thema der Neuschöpfung anschlugen.

In den sogenannten *Vita-beata-Schriften* suchte Paracelsus «das Wesen
des Menschen vor Gott» zu erfassen.[181] Für ihn war das selige Leben ein-
zig auf Gott bezogen. Hier auf Erden solle man sich mit einem einfachen
Leben begnügen und die Werke der Tugend tun: *darumb nit den men-*
schen wolgefallen, sonder got wolgefallen, nit irdisch reich sein, sondern
himlisch reich sein, nit irdisch gelert sein, sondern götlich gelert sein [...].
dan unser werk von den gaben, die uns got geben hat, werden uns nachfol-
gen in den himel.[182] Immer wieder forderte er in diesen Schriften soziale
Gerechtigkeit: *Es geschicht auch nit in der freien liberalitet, das einer isse*
weiß brot und sein nechster schwarz brot. das ist die rechte liberalitet nit,
das diser hinder [Hühner] eß, der in der liberalitet soll leben, und sein
nechster habermus.[183]

Nach dem zeitlich nicht sicher fixierbaren Verlassen Merans verliert sich
der Lebensweg des Paracelsus erst einmal wieder. Vielen Biographen zu-
folge war er Ende 1534/Anfang 1535 in Augsburg, wo zwei kleinere prognostische Schriften aus seiner Feder gedruckt wurden: *Von den wunder-*
barlichen, ubernatürlichen zeychen so inn vier jaren ein ander nach, [...]
ersehen (1534); *Practica Teutsch auff das MDXXXV. jar* (1535). Doch ist
diese Annahme nicht zwingend.[184] Vom Aufenthalt in Beratzhausen ist

dokumentiert, daß Paracelsus auch Manuskripte durch Boten (seinerzeit nach Nürnberg) überbringen ließ.

Erst mit Bad Pfäfers (bei Ragaz) wird im Sommer 1535 wieder eine Station auf dem Lebensweg des Paracelsus sicher faßbar. Wann dieser Aufenthalt begann und wann er genau endete, ist jedoch nicht bekannt. Nur ein einziges Datum ist gesichert: Die Vorrede zu der Schrift *Vonn dem Bad Pfeffers* wurde am 31. August 1535 in Pfäfers unterzeichnet (9, 642). Diese Schrift wurde wohl noch 1535 in Zürich gedruckt.[185] Sie war dem Fürstabt Johann Jakob Russinger gewidmet, dem Paracelsus ein undatiertes (mit einiger Sicherheit im Sommer 1535 entstandenes) ärztliches Konsilium ausstellte (9, 661–665). Der Abt litt an «Magenkälte», Hauptfluß und an Grieß (Harnstein). Das von Paracelsus verschriebene Rezept erweist den Verfasser als geradezu konservativen Arzt. Die von ihm gebrauchte Bezeichnung dem *magen sein flegma nemen* (9, 663) ist traditionell humoralpathologisch – seltsam für einen Arzt, der sich in seinen Texten meist vehement gegen die Säftelehre der Alten wandte.[186] Hatte Paracelsus hier Zugeständnisse an die herrschende Medizin gemacht? War seine Praxis bei hochgestellten Patienten doch weniger revolutionär, als es seine Schriften vermuten lassen?

Der Weg, den Paracelsus nach dem Verlassen von Pfäfers einschlug, ist ungewiß. Mit einiger Sicherheit führte er in nördliche Richtung. Wie aus einem Brief des Paracelsus vom 10. Oktober 1536 aus Augsburg hervorgeht, war er vor seinem Aufenthalt in Augsburg auf jeden Fall in Memmingen gewesen.[187] In Memmingen hatte es Probleme mit einem Wirt gegeben, von dem sich Paracelsus wohl übervorteilt gefühlt hatte. Der Wirt hatte offenbar nicht aufgehört, über Paracelsus herzuziehen, obwohl dieser nach eigener Aussage nachgegeben und die ausstehende Rechnung bezahlt hatte. Ein weiterer Brief des Paracelsus, ebenfalls am 10. Oktober 1536 in Augsburg verfaßt[188], berichtet über eine Auseinandersetzung mit einem «Müller» aus Ungershausen (der Gegenstand ist nicht klar, es ging aber ebenfalls um üble Nachrede). Ungershausen liegt etwa 8 Kilometer nordöstlich von Memmingen in Richtung Mindelheim. In Mindelheim hielt sich Paracelsus nach Angabe seines Patienten Adam Reißner im Jahre 1535 auf.[189] Hier verfaßte er für Reißner, den ehemaligen Stadtschreiber zu Mindelheim, einen (undatierten) ärztlichen Ratschlag (10, 3 f.). Es ließe sich also relativ einfach für die zweite Hälfte des Jahres 1535 (daß Paracelsus in Pfäfers blieb, obwohl dort im Winter der Badebetrieb eingestellt wurde, ist nicht wahrscheinlich) eine Reiseroute von Memmingen über Ungershausen nach Mindelheim konstruieren, doch letzte Gewißheit, ob der Reiseweg nicht doch komplizierter war, ist nicht zu erhalten. Wie im Konsilium für Abt Russinger finden sich übrigens auch im Konsilium für den gebildeten und angesehenen Reißner keinerlei paracelsische Spezifika.

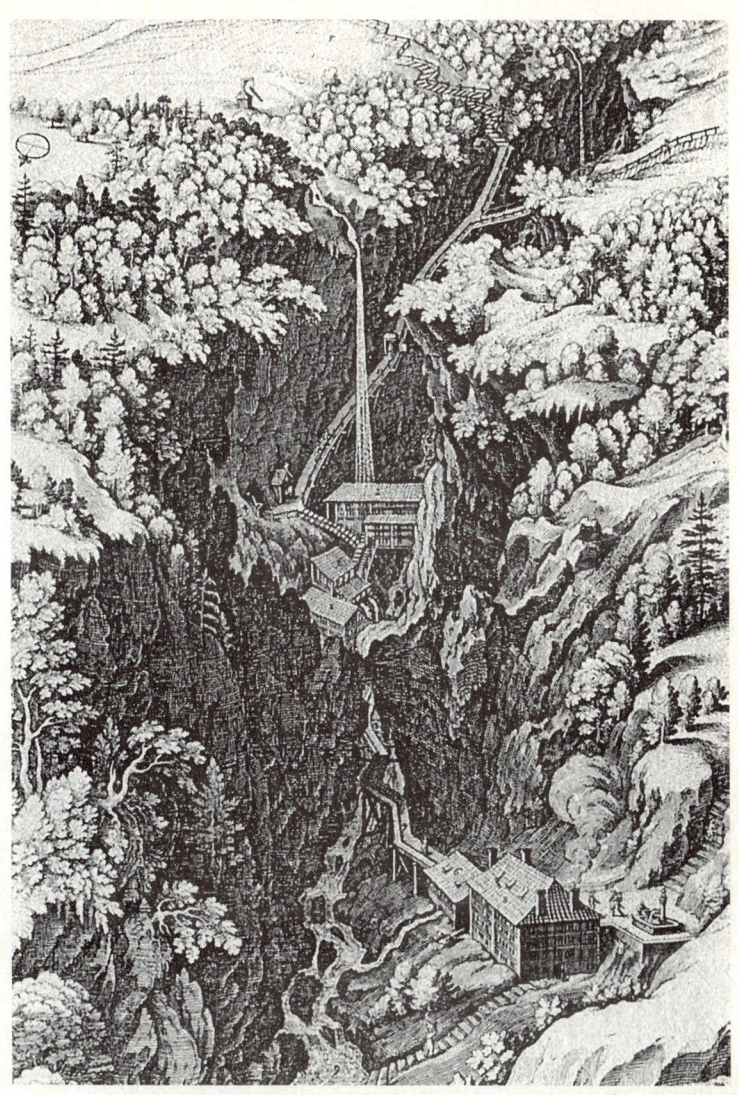

Das Heilbad Pfäfers in der Taminaschlucht. Kupferstich von Matthäus Merian, 1654. St. Gallen, Stiftsarchiv

Augsburg und weiter
(1536/37)

Laut Sudhoff war Paracelsus um die Jahreswende 1535/36 kurz in Ulm.[190] Hier wurde 1536 das erste Buch der *Großen Wundartzney* gedruckt. Über die Vorkommnisse im Umfeld der Drucklegung der *Großen Wundartzney* wird gleich ausführlicher zu berichten sein. Doch bevor dies geschehen kann, ist darauf hinzuweisen, daß auch für das Jahr 1536, das sicher nicht zu den dunkelsten im Lebensgang des Paracelsus zu zählen ist, zahlreiche biographische Fragen noch offen sind.

Das erste zeitlich fixierbare Dokument des Jahres 1536 könnte schon auf einen Aufenthalt in Augsburg hinweisen. Drei im erhaltenen Text leider nicht adressierte Konsilien vom 24. März 1536 sollen für die Augs-

Augsburg. Kolorierter Holzschnitt von Hans Weiditz nach einer Zeichnung von Georg Seld, 1521. Augsburg, Städtische Kunstsammlungen

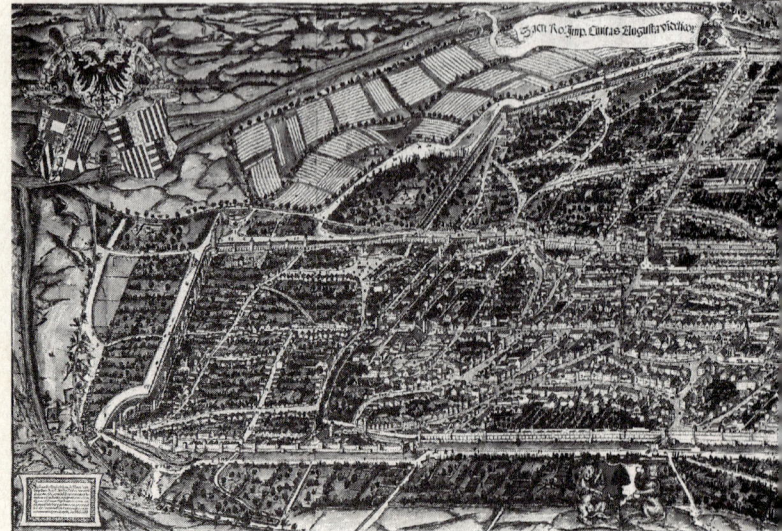

burger Familie Zerotin ausgestellt worden sein.[191] Wenn dies stimmt, hielt Paracelsus sich anschließend nicht durchgängig in Augsburg auf. Denn die sowohl in der Ulmer als auch in der Augsburger Ausgabe der *Großen Wundartzney* enthaltene Widmungsvorrede des ersten Buches an König Ferdinand von Österreich wurde am 7. Mai 1536 zu *Münchrat* (10, 18) abgeschlossen. Dies bezieht sich wohl auf Mönchsroth bei Dinkelsbühl, etwa 100 Kilometer nordwestlich von Augsburg.[192] Was Paracelsus in diesen Ort führte, ist nicht bekannt.[193] In Augsburg ist er dann auf jeden Fall am 24. Juni 1536 nachzuweisen.[194]

Die *Große Wundartzney* ist das erste und einzige umfängliche medizinische Werk des Paracelsus, das zu seinen Lebzeiten gedruckt wurde.[195] Mit diesem Werk in deutscher Sprache stellte sich Paracelsus in die Reihe der medizinischen Fachschriftsteller, die sich nicht nur an Akademiker wendeten, sondern die auch und gerade den der lateinischen Sprache nicht mächtigen Wundarzt erreichen wollten. Paracelsus war keinesfalls der erste Autor einer deutschsprachigen Chirurgie, wie gelegentlich zu lesen ist. Chirurgen wie Peter von Ulm und Heinrich von Pfolspeundt verfaßten im 15. Jahrhundert einflußreiche chirurgische Texte in deutscher Sprache. Fortgesetzt wurde die landessprachliche Tradition durch die Autoren der ersten gedruckten deutschsprachigen Chirurgien wie Hieronymus Brunschwig und Hans von Gersdorff, deren Werke Paracelsus im übrigen kannte. Wenn etwas an der *Großen Wundartzney* revolutionär für den deutschsprachigen Raum war, dann war es die Forderung des Paracelsus nach Vereinigung von Leib- und Wundarznei, wobei er sich wohl am italienischen Vorbild orientierte.

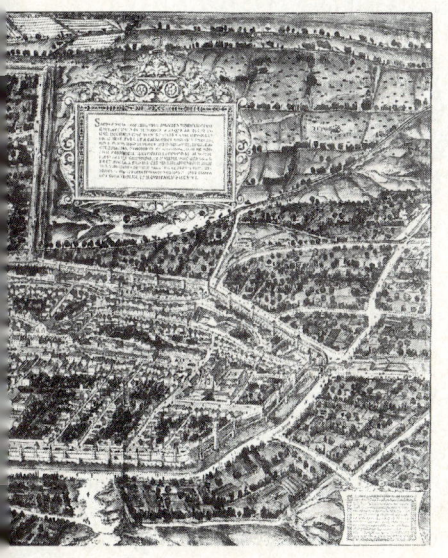

Der Druck der *Großen Wundartzney* gestaltete sich schwierig: Der Ulmer Hans Varnier sollte ursprünglich das auf fünf Bücher angelegte Werk drucken. Er machte sich jedoch laut Paracelsus bei der Drucklegung des von einem in der lateinischen Sprache nicht perfekten Substituten fehlerhaft geschriebenen Manuskripts des ersten Buches einiger Nachlässigkeiten schuldig (10, IX). Paracelsus erkannte dies wohl bei der Korrektur und reagierte verärgert. Er wollte *so vil nit mügen zum corrigiren pringen, [nämlich] das, wie bilich sein*

Er grossenn Wundartzney /
das Erst Buch / Des Ergründten

vnd Bewerten / der bayden artzney / Doctors Paracelsi / võ
allen wunden / stich / schüß / bränd / thierbiß / baynbrüch / vnd
alles was die wundartzney begreifft / mit gantzer haylung
vnd erkantniß aller zůfäll / gegenwertiger vnd künfftiger /
ohn allen gebresten angezeygt / Von der alten vnnd neüwen künsten
erfyndung / nichts vnderlassen.

Getruckt nach dem ersten Exemplar / so D. Paracelsi
handgeschrifft gewesen.

Geschriben zů dem Großmechtigsten / Durchleüchtigsten Fürsten
vnd Herrn / Herrn Ferdinanden ꝛc. Römischen Künig /
Ertzhertzog zů Osterreich ꝛc.

Aufgetaylt inn drey Tractaten.

Der Erst / inn die erkandtnis der wunden / was wesens sy gegenwertig seyend / was zůkünfftigs
zůerwarten / mit sampt allen zůfällen.

Der Ander / von aller haylung / so ye vnd ye bey den gerechten Artzten gepraucht / vom anfang
der artzney / biß auff die yetzig gegenwertig zeyt.

Der Dritt / von dem biß vnnd hecken der vergyfften thier / baynbrüch / alle art des brands / vnnd
was dergleychen der wundartzney zůstehet / jnnhalt.

Das alles mit Keyſ. vnd Kün. Maieſtat Freyheyten begnadet / mit nachzůtrucken / oin
erlaupeniß zů keyner zeit / bey peen / xx. marck lötigs golds.

Getruckt zů Augspurg bey Heynrich Steyner / Im Jar.
M. D. XXXVL.

«Der grossenn Wundartzney / das Erst Buch», Augsburg 1536, Titelblatt

solt, im truck corrigirt solt worden sein (10, IX). Er spekulierte sogar, daß
Varniers Nachlässigkeiten auf Absicht beruhten (*villeicht zu einer verachtung beschehen*; 10, IX). Da Varnier auch den Fertigstellungstermin nicht
eingehalten hatte, holte Paracelsus sein Originalmanuskript wieder hervor, diktierte es einem anderen Substituten (wobei er manches ergänzte
und manches umschrieb) und stellte die neue Fassung dem Augsburger

Drucker Heinrich Steiner zu, bei dem er schon prognostische Schriften publiziert hatte (10, IX). Steiner begann sofort mit dem Druck. Die Varnier-Ausgabe des ersten Buches erschien aber vor der Augsburger Ausgabe. Darauf reagierte Paracelsus mit einem in Augsburg verfaßten *Zedelin* vom 24. Juni 1536 (10, IX), in dem er über die Ereignisse im Vorfeld des Druckes berichtete. Dieses «Zettelchen» wurde der Steiner-Ausgabe des ersten Buches beigegeben.

Die Steiner-Ausgabe des ersten Buches wurde am 28. Juli 1536 fertiggestellt (10, X). Bei Steiner erschien dann wenig später konkurrenzlos, da Varnier nur das erste Buch druckte, das zweite Buch der *Großen Wundartzney*. Die Vorrede des zweiten Buches, wie die des ersten Buches an König Ferdinand I. gerichtet, wurde in Augsburg am 11. August 1536 unterzeichnet (10, 223). Der Druck des zweiten Buches war am 22. August 1536 abgeschlossen (10, X).

In der Steiner-Ausgabe des ersten Buches folgen nach dem *Zedelin* zwei – ebenfalls nicht im Varnier-Druck enthaltene – Briefe. Der erste, am 23. Juli 1536 in Augsburg unterzeichnet, stammte von Paracelsus (10, 10 f.). Er war an den Augsburger Stadtarzt Wolfgang Talhauser (auch Thalhauser) gerichtet.[196] Paracelsus begründete darin die Abfassung seiner Chirurgie mit den unvollkommenen Lehren der Alten, mit den Schäden, die durch vermeintliche Wundärzte entstünden, und mit den von ihm erstmals behandelten *zufällen*, das heißt den Wundkomplikationen im weitesten Sinne (diese hatte allerdings zumindest Hieronymus Brunschwig schon vor ihm in einem gedruckten deutschsprachigen Werk behandelt). Von Talhauser, der sich ebenfalls mit medizinreformerischen Gedanken trug, erhoffte er sich ein gerechtes Urteil über sein Buch. Der Antwortbrief Talhausers an Paracelsus vom 24. Juli 1536 wurde, ob mit oder ohne Talhausers Zustimmung, der *Großen Wundartzney* beigegeben (10, 12–14). Talhauser beklagte nahezu unisono mit Paracelsus den Zustand der zeitgenössischen Medizin. Sein Eintreten für Paracelsus hatte im übrigen Folgen. Die Ärztekollegen in Augsburg setzten ihn wegen des Briefes «zu Rede», wie aus einem Ratsprotokoll aus dem Jahr 1538 hervorgeht, und verlangten eine Entschuldigung von ihm. Talhauser mußte nachgeben und dafür Sorge tragen, daß der Grußbrief im Nachdruck des ersten Buches aus dem Jahr 1537 nicht enthalten war. Im Jahre 1538 mußte Talhauser die Stadt schließlich verlassen.

In der *Großen Wundartzney* wollte Paracelsus, wie er in der Vorrede zum ersten Traktat des ersten Buches betonte, mit dem «Fabelwerk» der Alten in der Wundarznei aufräumen. Neben eher konventionellen Kapiteln zur chirurgischen Prognostik, Diagnostik (Zeichenlehre) und Wundbehandlung enthält das erste Buch der *Großen Wundartzney* Darlegungen, die Paracelsus wiederum als eigenwilligen Fachschriftsteller ausweisen. So empfahl er, wie schon in den ungedruckten *Drei Büchern von Wunden und Schäden*, schonende konservative Behandlungsmetho-

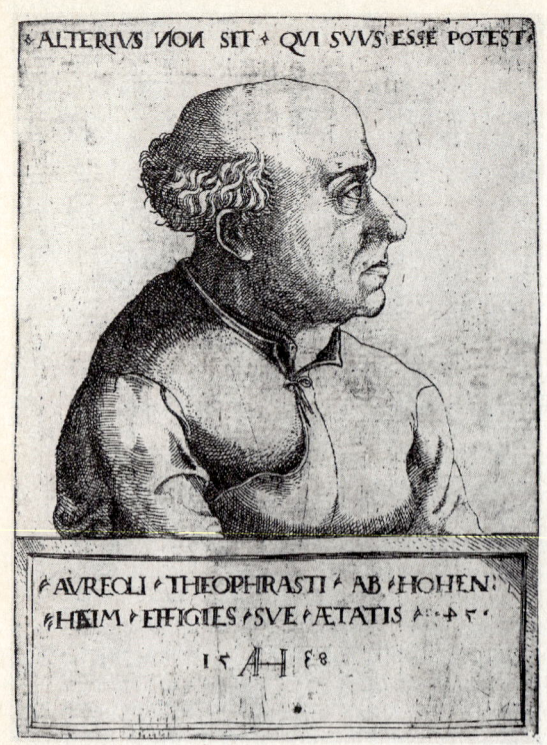

ALTERIVS NON SIT QVI SVVS ESSE POTEST

AVREOLI THEOPHRASTI AB HOHEN
HEIM EFFIGIES SVE AETATIS
1 AH 8

Paracelsus im 45. Lebensjahr. Kupferstich von AH, 1538.
Nürnberg, Germanisches Nationalmuseum

den, nach denen Wunden so wenig wie möglich manipuliert werden sollten, und bezeichnete einen «angeborenen» Balsam als für die Wundheilung verantwortlich. Diesen Balsam gelte es für den Arzt zu bewahren
und zu stärken. In diesem ersten Buch finden sich auch Passagen über
«magische» Heilmittel (zum Beispiel Amulette). Größere Operationen
wurden im übrigen nicht beschrieben.

Im zweiten Buch der *Großen Wundartzney* (1536) wurden dann vor allem die offenen Schäden besprochen, Wunden, die nicht durch Fremd-
wirkung entstehen, sondern die aus dem Körper kommen. Dieses Buch
war also eher leibärztlich denn wundärztlich ausgerichtet. Paracelsus entfaltete hier wie schon in den *Drei Büchern von Wunden und Schäden*
seine Theorie der Entstehung der offenen Schäden durch eine gestörte
Ordnung des *Sal*-Prinzips im Blut. Auch die Gestirne können seiner Ansicht nach für offene Schäden verantwortlich sein. Der gute Arzt müsse

beide Entstehungswege kennen. Seine Kunst solle auf den Säulen Alchemie, Philosophie, Astronomie und *Physica* ruhen, wobei *Physica* nach Paracelsus Hydromantie, Pyromantie und Geomantie (Vorhersage aus dem Feuer, aus dem Wasser und aus der Erde) umfasse. *Physica* ersetzte hier offensichtlich die Tugend-Säule des *Opus Paragranum*; die Säulen des Paracelsus waren also nicht felsenfest gefügt. Die Darstellung des pathogenen *Sal*-Prinzips war eingebettet in die bekannte Lehre von den drei «ersten Substanzen»; in der *Großen Wundartzney* wurde jedoch das dritte Prinzip neben *Sulphur* und *Sal* nicht als *Mercurius*, sondern als *Liquor* bezeichnet. Gestreift wurde auch die später oft mit dem Namen Paracelsus verbundene Signaturenlehre, wonach das Äußere einer Pflanze deren Heilwirkung anzeige, zum Beispiel heile die augenförmige Pflanze Augentrost Augenkrankheiten. Doch sei darauf hingewiesen, daß Paracelsus nirgends eine umfassende Lehre von den Arzneimittelsignaturen entwarf, wie dies zu Beginn des 17. Jahrhunderts etwa Oswald Croll tat. Auch finden sich Stellen im Werk des Paracelsus, die explizit «antisignatorisch» gehalten sind: *[…] als wenig als wir mögent in eim kraut sehen, was darinen ist* (7, 370). Ein offenkundiger Widerspruch also.

Die *Große Wundartzney* kam offenbar gut beim Publikum an. Schon kurz nach dem Erscheinen entschloß sich Steiner zu einem Neudruck beider Bücher. Am 3. Februar 1537 war das erste, noch im selben Monat das zweite Buch nachgedruckt. Auch nach dem Tode des Paracelsus wurde das Werk häufig neu aufgelegt. Zumindest von Paracelsisten wurde es demnach gerne gelesen. Doch hat es auch auf Wundärzte gewirkt, die keine überzeugten Anhänger des Paracelsus waren? Diese Frage müßte ohne Zweifel noch genauer untersucht werden. Beim derzeitigen For-

Die Signaturenlehre: Die äußere Ähnlichkeit erschließt die Wirkung

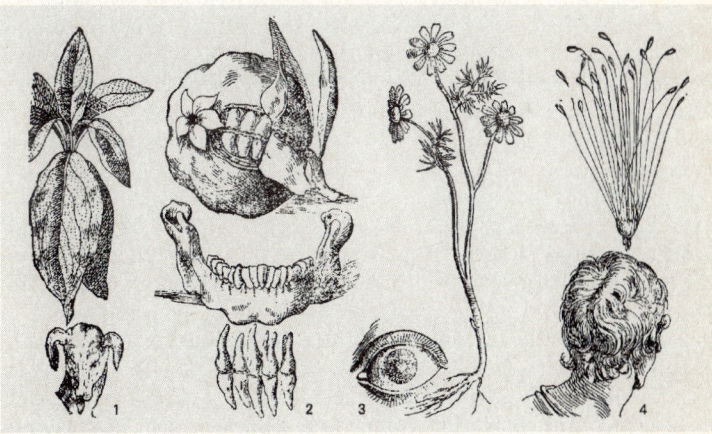

schungsstand läßt sich nur sagen, daß in der gedruckten chirurgischen Fachliteratur des 16. und 17. Jahrhunderts nur wenige Hinweise auf eine positive Rezeption der *Großen Wundartzney* zu finden sind, wie zum Beispiel bei dem Schweizer Chirurgen Felix Wuertz und bei dem Franzosen Jacques Guillemeau.

In Augsburg hatte Paracelsus im übrigen nicht nur Kontakt mit dem Arzt Wolfgang Talhauser, sondern auch mit einem Juristen namens Zacharias Pirer (10, 224), wie ebenfalls aus der *Großen Wundartzney* hervorgeht. Offen bleibt, ob ein undatiertes Konsil für einen Bernhart Rechlinger zu Augsburg (10, 681 f.) als echt anzusehen ist. Weshalb Sudhoff (10, XLII) dieses Konsil als unterschoben ansah, ist unklar. Wann genau Paracelsus Augsburg verließ, ist nicht bekannt. Jedenfalls war er am 10. Oktober 1536 noch dort, wie die beiden erwähnten Briefe an Bürgermeister und Rat der Stadt Memmingen bezeugen. Ob er danach München aufsuchte, wie Sudhoff annahm, ist nicht bewiesen.[197] Ein sogenannter *mantischer Entwurf*, dessen undatiertes Vorwort die Unterschrift *geben zu München* (10, 642) trägt, entstand zwar im Umfeld der *Astronomia magna* von 1537/38, doch ist durch die fehlende Datierung kein Anhaltspunkt für die Nachzeichnung der Reiseroute des Paracelsus zu erlangen.

Mitte 1537 findet man Paracelsus in Mährisch-Kromau. Seinem konsiliarischen Schreiben an den Erbmarschall von Böhmen, Johann von Leipnick, das nur die Datierung *anno 1537* (11, 281) trägt, ist zu entnehmen, daß der Marschall ihn über einen *Herrn Hans von Lottitz aus Efferding* (11, 281) zu sich hatte holen lassen.

Mit *Efferding* ist der Ort Eferding knapp 30 Kilometer westlich von Linz gemeint. Paracelsus wollte in Eferding, wie aus der Widmungsvorrede zum *Buch von den tartarischen Krankheiten* deutlich wird, den alchemie- und medizinkundigen Pfarrherrn Dr. iur. Johann von Brant besuchen (11, 17). Doch ganz offensichtlich traf er Brant nicht an, denn es heißt im Widmungsschreiben wörtlich: *[...] verhoff mich auch, sich werd das glück und gut wetter zu tragen, das wir selber persönlich miteinander reden mögen.* (11, 18) Jedenfalls zog Paracelsus nach diesem Widmungsschreiben direkt von *eferdingen zum böhemischen marschalk* (11, 18) Johann von Leipnick.

In Mährisch-Kromau war er laut Schlußrede zum ersten Buch der *Astronomia magna* mit Sicherheit am 22. Juni 1537 (11, 273). Der Aufenthalt in Kromau dauerte nicht sehr lange, nach dem Konsiliarschreiben an den Marschall sind jedoch mindestens drei Wochen anzusetzen: Paracelsus hatte *bis auf die dritte woche* gebraucht, um die Krankheit, besser, die Krankheiten, seines Patienten (Quartanfieber, Wassersucht, Gallen- und Magenweh, Darmkolik, Leberverstopfung) *mit ganzem grund zu erkennen* (11, 281). Dieses Schreiben ist im übrigen in ethischer Hinsicht außerordentlich interessant. Daß Paracelsus nach Kromau rei-

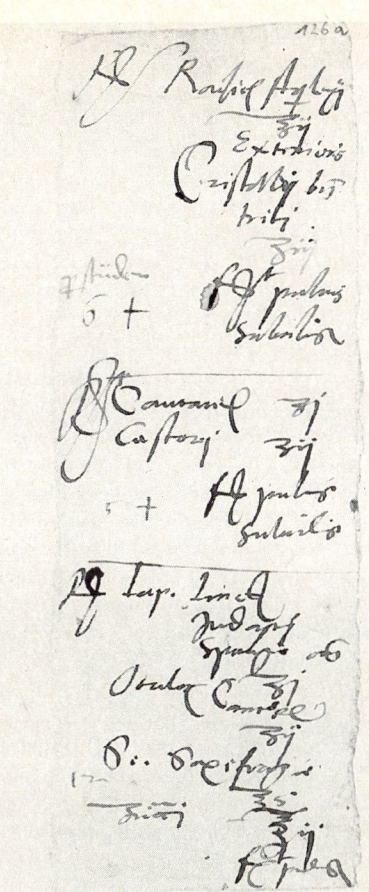

Drei handschriftliche Rezepte des Paracelsus. Wien, Österreichische Nationalbibliothek

ste, beruhte nach seiner eigenen Aussage auf ungenauen Angaben. Der schon erwähnte Hans von Lottitz hatte ihm die Krankheit des Marschalls falsch dargestellt, das heißt wohl konkret, den Zustand des Marschalls beschönigt. Paracelsus führte dazu im Schreiben – an den Marschall wohlgemerkt – folgendes aus: *So ich ir [der krankheit] hett dermaßen einen verstant gehabt, als ich nachfolgents erfaren hab, het ich mich eines solchen abverzerten, ausgedörten leibs nit angenomen, und von der arznei so gar verderbt und in solchem schweren abnemen* (11, 281). Paracelsus sah sich selbst also in aussichtslosen Fällen nicht zu einer Behandlung verpflichtet. Wie aus dem Schreiben weiter hervorgeht, hatte er offensichtlich mit der Behandlung zugewartet. Wahrscheinlich hatte er befürchtet,

103

daß ihm die Schuld am Tod des Patienten gegeben worden wäre, wenn dieser unter seiner Behandlung gestorben wäre. Dies ist wohl in der folgenden Passage des Schreibens angedeutet: *auch zu derselbigen zeit nicht hab mögen mer eilen, dan beschehen ist. aus was ursach, ligt am tag. wil mich aber fürthin hüten, mich in solche sorg einzulassen* (11, 281).

Zum Zeitpunkt der Abfassung dieses Konsiliarschreibens an den Marschall *anno 1537* war Paracelsus schon wieder abgereist. Er verlangte höflich, nachdem er seinen Patienten schon verlassen hatte, *ein gnedig urlaub und erlaubnis weiter zu wandern* (11, 288). Nach diesem Schreiben zu urteilen, hielt er sich in Wien auf, wo er eine Weile zu bleiben hoffte: *dan nach dem und sich Wien gegen mir anleßt, acht ich bei inen ein zeit lang zu bleiben* (11, 288).

Wahrscheinlich war Paracelsus über Preßburg nach Wien gereist. Ende September, am Freitag vor Michaelis, hatte man ihn in Preßburg auf Kosten der Stadt beim Stadtrichter Blasius Beham festlich bewirtet.[198]

In Wien soll Paracelsus nach einem späteren Bericht Audienz bei König Ferdinand I. erhalten haben, doch ist dies wahrscheinlich nur Legende.[199] Vielleicht entstanden in dieser Zeit drei in Wien aufbewahrte Rezepte gegen den Harnstein, die Sudhoff als Autographe identifizierte.[200] Auf jeden Fall hatte Paracelsus auch in Wien Feinde unter den Ärztekollegen. In der Widmung vom 24. August 1538, mit der er drei seiner Schriften an die Kärntner Stände überstellte, berichtete Paracelsus, daß er es schon *vor etlichen zeiten gut vermeint* (11, 3) habe, diese drei Bücher (*Sieben Defensiones, Labyrinthus medicorum* und die *Tartarus-Schrift*) abzufassen. Als er sein Vorhaben einigen seiner Standesgenossen eröffnete, hätten die es *anderen ires gleichen* (11, 4) sogleich übermittelt. Zumindest eine von diesen Parteien muß dabei in Wien ansässig gewesen sein, denn es heißt, *sie haben aber befunden, besser sei, so ich zu Wien zu S. Steffen bin, sie seien auf dem hohen markt, gang ich an den Lügeck, das sie gen S. Laurenzen gehen, welcher gegenwertikeit von inen nit zugelassen sonder erfreuen sich mich zu verlezen, so ich vierzig meil von inen bin* (11, 4). Der geplante Druck wurde auf jeden Fall verhindert.

Kärnten und weiter
(1538–1540)

Paracelsus verließ Wien entweder noch im Jahr 1537 oder zu Anfang 1538. Sein weiterer Weg soll über den Semmering durch das Mürz- und Murtal nach Judenburg, hier nach Süden abbiegend über Wildbad Einöd und Friesach nach Villach geführt haben.[201] Doch gibt es für eine solche «Route» – die angegebenen Orte mag Paracelsus durchaus gestreift haben – keinen Beleg, sie wurde in Kenntnis der nächsten sicheren Lebensstation des Paracelsus, nämlich Villach, anhand von Ortsangaben vorwiegend in den Kärntner Schriften «konstruiert».

In Villach ließ sich Paracelsus am 12. Mai 1538 von der Stadt eine Urkunde über das Ableben seines Vaters ausstellen, auf die im Zusammenhang der Darstellung seiner familiären Herkunft schon eingegangen wurde. Es ist nicht bekannt, wie lange er sich dort aufhielt.

Spätestens am 19. August 1538 war Paracelsus in St. Veit in Kärnten[202], wo er die Leservorrede zu den *Sieben Defensiones* unterzeichnete (11, 126). Die nächste sichere Kunde gibt die Gesamtwidmung der drei schon erwähnten Schriften an die Kärntner Stände.[203] Diese wurde am 24. August 1538 ebenfalls zu St. Veit in Kärnten unterzeichnet (11, 6). Die Stände antworteten vielversprechend, doch ist der Zielort ihres Schreibens vom 2. September 1538 (11, 221) aus Klagenfurt, wo sie regulär tagten, leider nicht angegeben.[204] Obwohl die Stände Paracelsus Hoffnung auf eine baldige Drucklegung machten, lösten sie ihr Druckversprechen zu seinen Lebzeiten nicht ein. Ob dies auf Machenschaften seiner Gegner zurückzuführen ist oder ob andere Gründe im Spiel waren, darüber läßt sich nur spekulieren.

Bevor wir dem Lebensweg des Paracelsus weiter folgen, sollen zuerst die wichtigsten Schriften der Zeit um 1537/38 besprochen werden. Begonnen sei mit der Darstellung der eben erwähnten Kärntner Schriften.

Die Tartarus-Lehre des *Buches von den tartarischen Krankheiten* ist in den Grundzügen schon aus dem *Opus Paramirum* bekannt und braucht hier nicht mehr dargestellt zu werden.

Im *Labyrinthus medicorum* (*Labyrinth der Ärzte*) hielt Paracelsus seine *Bücher des natürlichen Lichts*, wozu er hier *Astronomia*, *Physica*,

Alchimia, *Theologia* und *Magica* rechnete, dem *Irrgang der Ärzte* seiner Zeit entgegen. Als Leitprinzipien seiner Wissenschaft gab er – wie schon in der *Basler Vorlesungseinladung* und im *Paramirum* – vor allem *Experimentum* und *Experientia* an, wiederum ohne Erfahrungswissenschaft in heutigem Sinne zu bieten.

In den *Sieben Defensiones* (*Sieben Verteidigungen*) verteidigte Paracelsus seine «neue» Medizin. In der dritten *Defensio* fiel dabei auch das vielzitierte Wort: *alle ding sind gift und nichts on gift; alein die dosis macht das ein ding kein gift ist* (11, 138). Paracelsus verwahrte sich damit gegen den Vorwurf, seine Rezepte enthielten Gift. Vor allem seine Vitriol-Rezepte waren ihm offenbar vorgehalten worden.

Nach Sudhoff ließ Paracelsus als Schmuck für den Druck dieser Kärntner Schriften das berühmte Profilbild (siehe S. 100; ein zweites entstand zwei Jahre später) herstellen[205], das heute nicht mehr Augustin Hirschvogel, sondern einem noch nicht genauer identifizierten Monogrammisten AH zugeschrieben wird.[206] Auf diesem Stich erschien auch erstmals das berühmte Motto des Paracelsus, das allerdings nicht von ihm selbst geprägt wurde, sondern wohl einem mittelalterlichen Lehrgedicht entstammt[207]: *Alterius non sit, qui suus esse potest* (*Keines anderen Knecht sei, wer sein eigener Herr sein kann*).

Zumindest teilweise arbeitete Paracelsus während seines Kärntner Aufenthaltes auch an der sogenannten *Astronomia magna* – die leider undatierte Vorrede zum Vierten Buch dieser Schrift wurde zu Sankt Veit in Kärnten vollendet (12, 415). Diese *Astronomia magna* hatte er schon in Mährisch-Kromau unter der Hand gehabt. Hier war, wie schon erwähnt, am 22. Juni 1537 (11, 273) die Schlußrede zum Ersten Buch vollendet worden. Die – trotz der erhaltenen über 400 Seiten fragmentarische – *Astronomia magna* zählt zu den schwierigsten Texten des Paracelsus. Es ging darin nicht um konkrete Vorhersagen wie in seinen schon beschriebenen prognostischen Schriften. Am besten bezeichnet vielleicht der Untertitel das Anliegen des Autors: *Astronomia magna oder die ganze Philosophia sagax der großen und kleinen Welt.* Hier versuchte er nun tatsächlich, eine *scharfsinnige Philosophie* von Mikro- und Makrokosmos zu formulieren, eine umfassende Kosmologie und Anthropologie zu entwerfen. Paracelsus bot in dieser Schrift – wie schon Karl Sudhoff richtig erkannte – die bekenntnishafte Darstellung seines Denkens, das «auf die Erfassung der Weltzusammenhänge gerichtet ist, wie er [Paracelsus] sie – alttestamentlich-christlich eingestellt, von neuplatonischen Unterströmungen beeinflußt – kosmologisch und anthropologisch zu erkennen glaubte» (12, V). Besonders deutlich wird dies in der Einführung zum ersten Buch. Diese Einführung könnte man auch eine Phantasie über den biblischen Schöpfungsbericht in Genesis Kap. 1 nennen. Paracelsus betonte, daß nach der Schöpfung von Himmel und Erde der Mensch wie alle anderen Kreaturen aus dem *Limus*, das heißt

ALTERIVS NONSIT QVI SVVS ESSE POTEST

EFIGIES AVREOLI THEOPHRASTI AB HOHEN
HEIM SVE ÆTATIS 47
OMNE DONVM PERFECTVM A DEO
INPERFECTVM A DIABOLO

1 5A 40

Paracelsus im 47. Lebensjahr. Kupferstich von AH, 1540

aus der Urmaterie geschaffen worden sei. Da der *Limus* aus Himmel und Erde entstanden sei, sei auch der Mensch aus Himmel und Erde gemacht. Er habe einen firmamentischen Teil (die Sinne und Gedanken) und einen elementischen (Fleisch und Blut). Somit sei er ein Auszug der großen Welt. Doch neben diesen natürlichen Teilen (es ist zu betonen, daß Paracelsus auch den firmamentischen Anteil zum natürlichen Be-

ASTRONOMIA MAGNA: Oder Die gantze Philosophia sagax der grossen vnd kleinen Welt/des von Gott hocherleuchten/erfahrnen/vnd bewerten teutschen Philosophi vnd Medici/Philippi Theophrasti Bombast/genannt Paracelsi magni.

«Astronomia magna»,
1571, Titelblatt

reich rechnet), gibt es nach Paracelsus noch einen übernatürlichen Teil im Menschen (er bezeichnet ihn auch als *ewige Weisheit*). Im Rahmen der *Astronomia magna* sind im wesentlichen nur die Ausführungen des Paracelsus zum «natürlichen» Bereich erhalten. Diese *Astronomia naturalis* umfaßt nach Paracelsus neun *Glieder*: dazu zählen u. a. *Magia* (Magie), *Nigromantia* (Erkenntnis der «Geister» der Toten), *Astrologia* (die Kunst der Sterndeutung) und *Signatum* (Erkenntnis der «Zeichen» in der Natur).[208] Hält man sich diese Liste vor Augen, dann wird klar, daß Paracelsus kein rein alttestamentlich-christliches Weltbild entfaltete, sondern daß er durchaus von «neuplatonischen Unterströmungen» – wie Sudhoff formulierte – beeinflußt war.[209] Er wollte auch die «obskuren» Räume der Welt ausleuchten, ein Unterfangen, bei dem ihm offensichtlich keine «Wissenschaft» zu «obskur» war. Trotz seiner «christlichen» Grundhaltung, die sicher nicht prätendiert war, geriet Paracelsus mit der *Astronomia magna* deshalb auch in gefährliches Fahrwasser. Der Vorwurf seiner Gegner, er habe sich der Magie verschrieben, kam nicht von ungefähr.

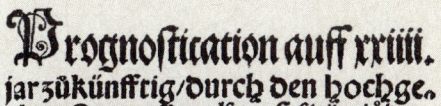

M. D. XXXVI.

Am Ende:

Getruckt zů Augspurg durch Heynrich Steyner/
am XXIII. tag Augusti/Anno/
M. D. XXXVI.

«Prognostication auff
xxiiii. jar zukünfftig»,
1536, Titelblatt

Während Paracelsus in der *Astronomia magna* einen eigenwilligen, magischen Astronomie-Begriff vertrat, war er gleichzeitig als Autor von zeitüblichen, auf den ersten Blick relativ konventionell erscheinenden prognostischen Schriften tätig. Aus dem Kreis dieser Praktiken der Jahre 1535 bis 1539 fällt nur die *Prognostication auff xxiiii. jar zukünfftig* (10, 579–620) aus dem Jahre 1536 heraus, denn in den 32 Artikeln dieses Text-Bild-Ensembles spielten die Gestirne für die Vorhersage keine Rolle.[210] Die Schrift ist durch einen pessimistischen Grundzug charakterisiert. Schon in der Vorrede an König Ferdinand I. von Österreich hieß es, *das der mensch so gar vergessen hat gottes seines hern* (10, 581). Daher werde Gottes Zorn in den nächsten 24 Jahren über die Menschen kommen, denn *er ist der ders umbkert und richt wie es in glustet und hat im da fürgenomen noch 24 jar zu hantlen bis wider zu ru* (10, 620). Die Auslegung war im übrigen sehr dunkel gehalten. Ihren eigenartigen Charakter möge der Text zur siebten Figur demonstrieren: *Darumb das du ie und ie eigenwillig gewesen bist, das hat dich praedistinirt, das du mit vil ellent umbgeben wirst. dan du hast dich selbs nit betracht, wie du in ein stein feißt*

109

Die siebte Figur aus der «Prognostication auff xxiiii. jar zukünfftig», 1536

und mager praefigurirt bist aus der magica, du kennest aber den nicht. dan
darumb so fallest du in die straf, die alle reich zerbrochen hat. werest du wi-
zig und verstanden, als dich selbs achtest, du werest dir vor dem unfal ge-
wesen, hettest ander reich merer dan dich, dir lassen ein spiegel sein, aber
nein; darumb ist dein weisheit ein torheit auf die zeit (10, 591).

Die übrigen vier Prognostikationen auf die Jahre 1535, 1537, 1538 und
1539 sind relativ einheitlich aufgebaut.[211] Drei von ihnen tragen im Titel
die Bezeichnung *Practica teutsch*, und es ist wohl nur Zufall oder
Druckerwillkür, daß die vierte auf das Jahr 1539 nur *Practica* heißt. Seit
dem 15. Jahrhundert war es für Astrologen üblich, nicht nur einen Jah-
reskalender, sondern auch eine jährliche Prognose herauszugeben, die
den Titel «Prognosticon», «Iudicium anni», «Practica» o. ä. trug. Im Verlauf des 16. Jahrhunderts bürgerte sich der Name «Practica teutsch» für
die deutschsprachigen Jahresvorhersagen ein, die die lateinsprachigen
zunehmend verdrängten. Diese Praktiken erschienen als Mehrblatt-
drucke und boten – ausgehend von der Gestirnkonstellation zu Beginn
eines Jahres – Vorhersagen über das zukünftige Wetter, über Kriegsereignisse, drohende Krankheiten, die zu erwartende Ernte sowie über das
Geschick der «Planetenkinder», führender Persönlichkeiten und gesell-
schaftlicher Gruppen. Einen wichtigen Teil bildete die Vorrede, in denen
die Praktikenschreiber zu ihrem Werk Stellung nahmen, sich gegen an-
fallende Kritik zur Wehr setzten und gegen Gegner polemisierten. Fast

Practica Teütsch auff das M. D. XXXV. Jar. durch den hochgelerten Theophrastum Paracelsum / Der freyen künste der Artzney vnnd Astronomey / Doctor / dem gemainen menschen zü nutz gepracticiert / vnd außgangen.
Mars. Venus.

«Practica Teütsch»,
1535, Titelblatt

alle Autoren betonten hierbei, daß der Wille Gottes der Gestirnwirkung übergeordnet sei, daß man durch die Kenntnis der Gestirnkonstellation aber Gefahren vorbeugen könne. Die paracelsischen Praktiken entsprachen weitgehend dem üblichen Schema. Dies läßt sich schon an den Überschriften etwa der *Practica* von 1535 erkennen (ähnlich sind auch die späteren Praktiken aufgebaut)[212]: *Der erst tractat von der impression der menschen – von kriegsleufen – von den stenden. Der ander tractat von der würkung aus den elementen – von sterben und krankheiten dis jars – von der teurung dis jars – von kaufmanschafte – von künstlern – von etlichem sonderm glück oder unglück. Der drit tractat von witterung neu und volmon durch die zwelf zeichen.* Dies erweist im übrigen eine überraschende Wendung zur Konvention. Früher (*Ußlegung des Commeten*; 1531) hatte Paracelsus ja diese Art der Prognostik entschieden abgelehnt als nur für Händler und Wucherer nützlich. Die Gründe für diese Wendung liegen im dunkeln.

In der *Practica Teütsch auffs M. D. XXXVII. Jar* (gedruckt 1536) betonte Paracelsus die prinzipielle Möglichkeit des Menschen zur Freiheit, behauptete aber andererseits, daß aufgrund der geringen Weisheit der Zeitgenossen und aufgrund ihrer starken Neigung zu den Gestirnen deren Wirkung mächtig sei: *[...] der mensch aber ist dermaßen geneigt, das leicht ein fünklin in in [in ihn] felt [fällt], das er vil weiter greift, dan das fünklin anzeigt und fürt* (11, 227). Bei der Einteilung der Jahresprognose näherte sich Paracelsus den gängigen Praktiken noch mehr an, indem er nun ein eigenes Kapitel über das Schicksal der Menschen als «Planetenkinder» aufnahm, was seiner früheren Auffassung in der *Ußlegung des Commeten* von 1531, Gott habe die Menschen *nit geteilt, nach den siben planeten ze leben* (9, 380), ausdrücklich widersprach.

Dieselbe Argumentation wie in der gerade besprochenen Practica auf das Jahr 1537 findet sich auch in der *Practica teutsch auf das tausent fünfhundert und 38. Jar*: *Obgleich wol das gestirn nit große wirkung eintringt, sonder der mensch gibt im selbs mer zu schaffen, dan er eingetrungen wird, darumb wers billich, das in solchem handel vom gestirn ze schreiben wol underlassen blibe* (11, 241). Doch da von dem *fünklin* des Gestirns *ein merers wechst* (11, 241), und da die Menschen den verderblichen Einflüssen der Gestirne nicht entgegensteuerten, sondern sie verstärkten, sei Astrologie möglich: die schlechte Welt als Bedingung der Möglichkeit der Astrologie! Jedenfalls traf Paracelsus Vorhersagen, und zwar nach nicht näher von ihm ausgeführten Kriterien. So brachte er zum Beispiel die folgenden, nach meinem Urteil unverständlichen Sentenzen zustande: *Hern dis jars, auf die achtung zuhaben sein wird, werden sein mars und saturnus. nu ist niemant. sich begibt oft das sie vor mer gewesen sind, und doch nicht das verhanden gehabt, so iezt verhanden zu vermuten ist, durch sie angezünt; dan so oft sie oder ander planeten komen, so oft ist ein ander wesen, in derselbigen operacion verhanden* (11, 242). Die konkreten politischen Vorhersagen waren hier allerdings relativ optimistisch. In Anbetracht der gespannten Situation in Europa – Krieg zwischen Kaiser Karl V. und seinem französischen Rivalen Franz I., türkische Angriffe im Osten – veranlaßte der Optimismus des Autors den Wittenberger Reformator Philipp Melanchthon, die Prognosen in einem Brief vom 25. November 1537 an Veit Dietrich als «völlig alberne Nichtigkeiten» («insulsissimae nugae») zu bezeichnen.[213]

Mit der Kaiser Karl V. gewidmeten *Practica auf das jar [...] 1539* wollte Paracelsus eine Praktik liefern, darein *fürwar mer angesehen wird das jenig, das die heimlikeit der planeten antrift* (11, 264). Auch hier erteilte er der Prognostik nur mittels der Jahreseingangskonstellation (wie schon in der *Practica [...] gemacht auff Europen* aus dem Jahre 1529 eine Absage: *Dis jars wird den himmel im firmament tragen der jupiter mit hülf des mercurii aber in iren fürnemen die irdischen nit regiren* (11, 253). Vielmehr seien die alten Einflüsse der Planeten zu berücksichtigen, die im Gemüt des Menschen wirkten. Diese alten Einflüsse wurden – fast ist man geneigt zu sagen, natürlich – wieder nicht spezifiziert.

Vom Lebensgang des Paracelsus zeugt ein leider nicht genauer datiertes lateinisches Konsilium aus dem Jahr 1538, das auf einen kurzen Aufenthalt in Wolfsberg im Lavanttal schließen läßt (11, 290–293). Der Patient Treylingius litt an Kolica, Arthritis und Nierenstein. Paracelsus riet hauptsächlich zu mildem Purgieren.

Wo Paracelsus sich im Verlauf des Jahres 1539 aufhielt, ist ungewiß. Erst ein Schreiben vom 2. März 1540 an Hans Ungnad, Freiherr zu Sonnegg, den Obersten Feldhauptmann der Niederösterreichischen Lande, belegt einen Aufenthalt in Klagenfurt. Paracelsus lehnte es in diesem Schreiben ab, dem Begehren Ungnads zu folgen, zu dessen Behandlung nach Pettau zu kommen, zum einen *schwacheit halben*, zum anderen, *weil er ietzo aus dem lant, ob got wil, willens zuverreiten [sei], und derhalben brief teglich alhier gewartund bin* (11, 294). Es ist unklar, worauf Paracelsus zu diesem Zeitpunkt wartete. Spekulationen, daß er die Nachricht vom Tode des Salzburger Erzbischofs Matthäus Lang in Salzburg erwartete, bedürften der Konkretion.[214] Lang, der schon seit einiger Zeit erkrankt war, starb am 30. März 1540. Neuer Landesherr wurde der Wittelsbacher Herzog Ernst von Bayern, der Interesse an bergbaukundlichen und alchemischen Themen hatte, doch sind Kontakte des Paracelsus zum neuen Landesherrn nicht belegt.[215]

Nur kurz kann an dieser Stelle darauf hingewiesen werden, daß Paracelsus in der Zeit um 1540/41 mehrere theologische Schriften verfaßte. Es waren «apokalyptisch verdüsterte Sermonzyklen mit scharfer Kritik an den Kirchen und Konfessionen, der Geistlichkeit und den gesellschaftlichen Zuständen»[216]. Um die Radikalität der Kirchenkritik des Paracelsus in dieser Spätphase anzudeuten, sei als Beispiel nur angeführt, daß er die institutionelle Kirche als *Spelunca der Mörder* bezeichnete.[217]

Tod in Salzburg
(1541)

Wann Paracelsus nach Salzburg gelangte, ist unklar. Die Datierung zweier Schreiben aus Salzburg an den Krakauer Bürger Franciscus Bonerus, der sich – schwer an einer Hernie erkrankt – brieflich an Paracelsus gewandt hatte (11, 295–296), ist nicht endgültig geklärt. Sudhoff glaubte, sie seien im August 1540 abgefaßt worden, Huser hatte sie auf August 1541 datiert.[218] Am 15. April 1541 hielt sich Paracelsus zumindest für kurze Zeit am «Schober», dem heutigen Strobl am Wolfgangsee auf. Dies wird durch ein briefliches Konsilium belegt, das er für den am «Fluß» leidenden Schreiber Jacob Tollinger zu Aussee verfaßte (11, 299).

Das nächste erhaltene Lebenszeugnis des Paracelsus ist auch schon das letzte. Im Kreise seiner Bekannten aus dem mittleren und gehobenen Salzburger Bürgertum verfaßte er am 21. September 1541 sein Testament. Das Testament wurde 1574 von dem Paracelsisten Michael Toxites zu Straßburg als «Testamentum Philippi Theophrasti Paracelsi» zu Druck gebracht.[219] Der öffentliche Notar Hans Kalbsohr, der das Testament aufnahm, beschrieb die Umstände der Testamentsaufnahme sehr genau. Er sei in der neuhochdeutschen Übertragung von Heinz Dopsch zitiert: «Allen, welche die vorliegende öffentliche Urkunde sehen, lesen oder vorgelesen bekommen, sei kundgetan, daß im Jahre 1541 […], dem 21. September, zur Mittagszeit […] in Gegenwart von mir, dem öffentlichen Notar [Hans Kalbsohr], und der genannten Zeugen, die dazu besonders eingeladen waren, der würdige, hochgelehrte Herr Theophrastus von Hohenheim, Doktor der freien Künste und der Arznei, persönlich erschienen ist, zwar schwachen Leibes und auf einem Reisebett sitzend, aber bei vollem Verstand und guter geistiger Verfassung. Um nicht ohne Testament und Ordnung seiner weltlichen Güter aus dem Leben zu scheiden, hat derselbe Doktor Theophrastus mit deutlich vernehmbaren Worten ganz freimütig, aus eigener Kenntnis und von niemandem dazu gedrängt, sein Testament und seinen letzten Willen formgerecht aufgesetzt.»[220] Ort der Testamentsaufnahme war eine Stube im Wirtshaus «Zum weißen Roß», in der zu diesem Zeitpunkt der Verfasser des Testaments beherbergt war.[221] Das «Weiße Roß» stand an der Stelle des heutigen Hauses Kaigasse Nr. 8. Dopsch vermutet, daß Paracelsus in Michael

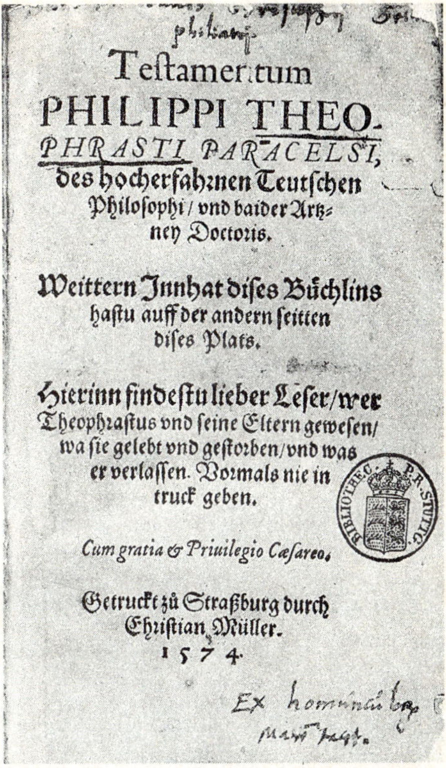
Testamentum
PHILIPPI THEO-
PHRASTI PARACELSI,
des hocherfahrnen Teutschen
Philosophi / vnd baider Artz-
ney Doctoris.

Weittern Innhat dises Büchlins
hastu auff der andern seitten
dises Plats.

Hierinn findestu lieber Leser / wer
Theophrastus vnd seine Eltern gewesen /
wa sie gelebt vnd gestorben / vnd was
er verlassen. Vormals nie in
truck geben.

Cum gratia & Priuilegio Cæsareo.

Getruckt zů Straßburg durch
Christian Müller.
1574.

«Testamentum Philippi Theophrasti Paracelsi», 1574, Titelblatt. Luzern, Zentralbibliothek

Setznagels Haus Kaigasse Nr. 10 gewohnt hat und nur zur Testamentseinrichtung vorübergehend in das Wirtshaus hinüberwechselte.[222] Als Testamentsvollstrecker wurden genannt der Hofprokurator Georg Teisenberger und der einstige Hofgerichtsschreiber Michael Setznagel, der schon durch die Erwähnung in dem Salzburger Inventar von 1526 als näherer Bekannter des Paracelsus ausgewiesen ist. Als Zeugen wohnten dem Rechtsakt sieben namentlich bezeichnete Personen bei[223]: Melchior Spach, der 1525 kurzzeitig Obrist der aufständischen Gewerken gewesen war; er wirkte seit 1527 als Stadtrichter in Hallein und war überdies ein Verwandter des Testamentsvollstreckers Michael Setznagel; weiter die Salzburger Bürger Andreas Setznagel (Beruf unbekannt); Hans Mühlberger (Beruf unbekannt); Ruprecht Strobl (Schöpfer am Rapplbad, seit 1522 Bürger in Salzburg) und Sebastian Groß (Beruf unbekannt). Hinzu kamen der Reichenhaller Bürger Stefan Waginger (Beruf unbekannt) sowie Klaus Frachmair, der Diener des Paracelsus.

Haus Kaigasse Nr. 8 in Salzburg, ehemals Wirtshaus «Zum weißen Roß», vor der Beschädigung im Zweiten Weltkrieg

Paracelsus wollte laut Testament auf dem Friedhof zu St. Sebastian in Salzburg begraben werden. Man sollte in der Pfarrkirche für ihn am ersten, siebten und dreißigsten Tag nach dem Begräbnis eine Totenmesse halten, wobei an allen drei Terminen «jedem armen Menschen vor der Kirche ein Pfennig in die Hand» zu geben sei. Er, der zeit seines Lebens gegen die katholische Kirche gewettert hatte, wollte somit ohne Zweifel nach katholischem Ritus bestattet werden. Einen Teil seines Bargeldes, sechs Gulden, vermachte er seinem Bekannten Hans Rappl, dem Besitzer des Rapplbades in Salzburg, der schon 1526 als Zeuge bei der Aufnahme des Inventars der in Salzburg zurückgelassenen Habe des Paracelsus aufgetreten war. Die Summe von zehn Gulden sollte an nicht näher spezifizierte «nächste Verwandte» nach Einsiedeln gehen. Das Geld wurde nach dem Tode des Paracelsus dann auch von einem Verwandten, dem im Kapitel zur familiären Herkunft schon erwähnten Peter Wessener, abgeholt, der gleichzeitig auch das wertvollste Kleinod als Zeichen der Leibeigenschaft für den Abt von Einsiedeln in Empfang nahm.[224] Die Habe, die die Medizin betraf, u. a. Bücher und Pflaster, sollte in den Besitz des Salzburger Barbiers Andreas (Andrä) Wendl übergehen, dem Paracelsus offenbar relativ nahestand. Die übrigen Güter sollten nach Maßgabe der Testamentsvollstrecker unter die Armen verteilt werden oder zur Tilgung von Schulden verwendet werden.

Paracelsus starb am 24. September 1541, drei Tage nach der Abfassung des Testaments, in Salzburg. Dies geht aus der Grabplatte hervor, die der Testamentsvollstrecker Michael Setznagel stiftete.[225] Paracelsus wurde seinem Wunsch gemäß auf dem Friedhof zu St. Sebastian begraben. 1752 wurden die Gebeine umgebettet, sie liegen heute in einem Grabdenkmal in der Vorhalle der Kirche.

Am 18. Oktober 1541 wurde auf Veranlassung des Notars Kalbsohr ein Inventar der Hinterlassenschaft des Paracelsus angelegt.[226] Anwesend waren die beiden Testamentsvollstrecker sowie als Zeugen die schon erwähnten Andreas Wendl und Ruprecht Strobl sowie der

Grabmal des Paracelsus in der Vorhalle der St. Sebastianskirche, Salzburg

Goldschmiedemeister Leonhard Sulzberger aus Salzburg. Die Werte in Bargeld waren laut Inventar eher bescheiden, auch die wenigen aufgeführten Schmuckstücke deuteten nicht auf großen Reichtum. Von einer völligen Verarmung kann man allerdings nicht sprechen, denn das aufgelistete Silbergeschirr weist zum Beispiel auf einen wohlhabenderen Besitzer hin. Auch die hinterlassene Kleidung war ursprünglich recht teuer gewesen. Daß Paracelsus Wert auf adliges Auftreten legte, zeigen Reitstiefel, Sporen, Reitersäcke, Barette, ein Reithammer und eine eiserne Zündbüchse. Im Spiegel der Hinterlassenschaft wird jedenfalls nicht sofort das Bild eines zerlumpten Landfahrers sichtbar, der wegen seines Äußeren Anlaß zu Anstoß gegeben hatte.[227] Im Inventar werden überdies noch der Kundschaftsbrief der Stadt Villach von 1538 über den Tod des Vaters, ein gedrucktes und sieben handgeschriebene Arzneibücher und «außerdem allerlei Sammelhefte» (ein wichtiger Hinweis auf die Arbeitsmethode des Paracelsus) sowie «etliche handschriftliche Hefte zur Theologie, die Theophrastus konzipiert haben soll», erwähnt. An theologischen Büchern werden «eine Bibelkonkordanz», «eine Bibel im Kleinformat», «ein Neues Testament» sowie die «Auslegung des Hieronymus über das Evangelium in zwei Büchlein von gleicher Gestalt» aufgezählt. Aus dem Vorwort des Herausgebers Toxites zum «Testamentum» geht noch hervor, daß Paracelsus in Augsburg zwei Truhen voll Bücher und Kleinodien zurückgelassen hatte. Weitere Wertgegenstände hatte er in Leoben und in Ortschaften in Kärnten deponiert.[228]

Umstritten ist die Frage, wo Paracelsus verstarb. Das Inventar wurde in der Wohnung des Testamentsvollstreckers Setznagel in der Kaigasse Nr. 10 aufgenommen, wo, so die Vermutung Dopschs, Paracelsus gewohnt habe und auch gestorben sei.[229] Eine lokale Tradition in Salzburg weist dagegen auf das Haus Platzl Nr. 3 als Sterbeort. [230]

Woran Paracelsus starb, ist nicht geklärt. Neueste gerichtsmedizinische Untersuchungen ergaben erhöhte Quecksilberwerte in den noch erhaltenen Skelettknochen; chronische Quecksilbervergiftung als Todesursache, wie häufig vermutet wurde, ließ sich aber aus keiner der angestrengten Untersuchungen «unmittelbar ablesen»[231]. Die gelegentlich in der Literatur für seinen Tod verantwortlich gemachte Lebererkrankung konnte ebensowenig gesichert werden.[232] Daß Paracelsus von seinen Gegnern ermordet wurde, ist mit an Sicherheit grenzender Wahrscheinlichkeit Legende.

Wirkung und Würdigung

Fast scheint es so, als habe sich die Vorhersage des Paracelsus erfüllt, die er im *Paragranum* ebenso verletzt wie hochfahrend traf: *mer wil ich richten nach meinem tot wider euch dan darvor. und ob ir schon mein leib fressent, so habt ir nur drek gefressen: der Theophrastus wird mit euch kriegen on den leib* (8, 201). Und wirklich, die Auseinandersetzung um Paracelsus hatte erst begonnen. Die folgenden Bemerkungen können nur einen ersten Eindruck von diesem «Krieg» vermitteln.[233] So ist die Masse der postum gedruckten Schriften des Paracelsus ein direktes Zeugnis seiner immensen Wirkung. Zwischen 1549 und 1658 erschienen allein 175 mehr oder weniger umfangreiche Ausgaben.[234] Dabei ragt die von Johannes Huser besorgte Quartausgabe der Jahre 1589/90 in zehn Teilen hervor, zu denen als elfter Teil die *Chirurgischen Bücher und Schrifften* zu rechnen sind. Huser konnte für seine imponierende Ausgabe noch die später verschollenen Autographen benutzen.

Doch die Wirkung des Paracelsus ist mit der Darlegung der Druckgeschichte seiner Werke natürlich nur unvollständig erfaßt. Seine Werke wirkten häufig auch anregend, wurden assimiliert und produktiv rezipiert. So wurde die paracelsische Anregungen aufgreifende Iatrochemie, die alle Körpervorgänge «chemisch» deutete, zu einem im 17. Jahrhundert wichtigen Paradigma, das schließlich mit zur endgültigen Ablösung des alten humoralpathologischen Konzepts beitrug. Als Vertreter dieser Richtung sei hier nur Johann Baptist van Helmont (1579–1644) genannt.[235] Dieser war trotz seiner expliziten Ablehnung einiger Positionen des Paracelsus deutlich sichtbar von ihm beeinflußt worden. Dabei ist bei ihm eine Tendenz zur spiritualistisch-mystischen Überformung der Gedanken des Paracelsus nicht zu verkennen.

Deutliche Spuren hinterließ Paracelsus auch in Religion und Frömmigkeit der frühen Neuzeit. Laut Joachim Telle bezog man sich vor allem in «alchemoreligiösen Oppositionsbewegungen des Protestantismus, unter Anhängern Valentin Weigels, Johann Arndts, Jakob Böhmes, sogenannten Rosenkreuzern, mystischen Spiritualisten und anderen heterodoxen Dissidenten» auf Paracelsus.[236] Gerade was diese heterodoxen Strömungen angeht, bleibt für die Forschung noch sehr viel Arbeit zu leisten, um das nur in Konturen erkennbare Bild seiner Nachwirkung mit Details zu füllen.

Doch es gab nach dem Tode des Paracelsus natürlich nicht nur Paracelsisten. Unter seinen Gegnern im 16. Jahrhundert findet sich zum Beispiel der Heidelberger Medizinprofessor Thomas Erastus, der 1572/73 in seinem vierbändigen Werk «De medicina nova Philippi Paracelsi» («Über die neue Medizin des Philippus Paracelsus») Paracelsus als ausgemachten Ignoranten, Häretiker und Zauberer verunglimpfte und damit der paracelsischen «neuen» Medizin zu wehren hoffte.[237]

Als Beispiel für eine antiparacelsische Position im «aufgeklärten» 18. Jahrhundert sei nur der hannoversche Leibarzt Johann Georg Zimmermann (1728–1795) zitiert, der in Paracelsus einen «Sternnarren» sah, dessen Schriften im Alkoholrausch geschrieben worden seien.[238]

Demgegenüber ist zu vermerken, daß Johann Wolfgang von Goethe als junger Mann mit Interesse Paracelsus las und später im «Faust» zahlreiche paracelsische Motive verwandte.[239] So wurde die Homunculus-Figur im Zweiten Teil des «Faust» von einer Schrift inspiriert, die Goethe für paracelsisch hielt. In «De natura rerum» wurde die Erzeugung eines künstlichen Menschen aus Sperma mit Hilfe alchemischer Methoden beschrieben. Inzwischen hat man jedoch diese Schrift mit einiger Wahrscheinlichkeit als pseudo-paracelsisch erwiesen. Doch gibt es auch im echten Werk des Paracelsus Stellen, die vermuten lassen, daß ihm der Gedanke an die «alchemische» Erzeugung eines Menschen nicht fremd war.[240]

Mit dem Namen Paracelsus verbunden ist auch die Konzeption der sogenannten Elementargeister, die vor allem für seine Nachwirkung in der Romantik um 1800 bedeutsam war.[241] In der *Astronomia magna* hatte Paracelsus folgendes ausgeführt: *aber von den sechsen, darin kein sel ist, sind die: nymphae seind wasserleut, gigantes seind risen, lemures seind bergleut, gnomi seind luftleut, vulcani seind feurleut, umbragines seind schretlin* (12, 113). Vier der genannten Gruppe seelenloser Geschöpfe waren den Elementen Wasser, Erde (Berge), Luft und Feuer zugeordnet, von daher ist die Benennung Elementargeister, die bei Paracelsus selbst übrigens nicht vorkommt, zu verstehen; die Riesen und die «Schretlin» (Schattenleute) hatten kein spezifisches Element. Auf die «Elementargeister» – die Bezeichnungen für die einzelnen Gruppen variierten bei Paracelsus, wie man gleich sehen wird – wurde näher vor allem im sogenannten *Liber de nymphis, sylphis, pygmaeis et salamandris et de caeteris spiritibus* (*Buch über Nymphen, Sylphen, Salamander und Pygmäen und über andere Geister*) eingegangen, einem Teil der sogenannten *Philosophia de divinis operibus et factis* (14, 115–151). Dabei betonte Paracelsus, daß die Geistmenschen, wie die Zwischenwesen zusammenfassend genannt wurden, mit den Menschen Verkehr pflegten und daß sie oft Sehnsucht hätten nach einer Menschenseele. Die Wasser-

Wagner, der Gehilfe Fausts, erschafft einen Homunculus.
Ausschnitt aus einem Stahlstich nach einer Zeichnung von
Engelbert Seibertz in «Faust. Eine Tragödie von Goethe»,
Tübingen 1858

wesen (genauer: die weiblichen Wasserwesen) wurden von Paracelsus
gelegentlich auch als *Undinen* (*undina*; 14, 124) bezeichnet. Unter diesem
Wort vor allem erreichte die paracelsische Elementargeistervorstellung,
teilweise mit Motiven aus älteren Sagen und Legenden (zum Beispiel
aus der Melusinensage) verwoben, die Romantik. Beispielsweise griffen
Clemens Brentano, E. T. A. Hoffmann und – von Hoffmann in Musik gesetzt – Friedrich Baron de La Motte-Fouqué sie auf, ebenso wie später
Heinrich Heine. Oft lernten die «Romantiker» die Gedankenwelt des
Paracelsus nicht direkt, sondern über die Vermittlung des sogenannten

«Comte de Gabalis», verfaßt von Nicolas Pierre Henri de Montfaucon Abbé de Villars (1670), kennen. Und auch im 20. Jahrhundert (Ingeborg Bachmann) spukt die Undine noch durch die Literatur.

Zu Beginn des 20. Jahrhunderts war im übrigen mit den Forschungen Karl Sudhoffs, die schließlich in einer Ausgabe der medizinischen, naturwissenschaftlichen und philosophischen Schriften (14 Bände, 1922–1933) mündeten, eine solide (wenn auch nicht fehlerfreie) Grundlage geschaffen, um Paracelsus zumindest in den Disziplinen Medizin, Naturwissenschaft und Philosophie historisch würdigen zu können (die Edition der theologischen Schriften kam seinerzeit nicht über einen Band hinaus).

Geradezu konterkariert wurden Sudhoffs Klärungsversuche allerdings durch die von 1917 bis 1926 erschienene und weitverbreitete Paracelsus-Romantrilogie des Schriftstellers Erwin Guido Kolbenheyer. Die Lücken in der Biographie des Paracelsus wurden phantasievoll gefüllt; wobei Kolbenheyer Paracelsus zum genialischen «faustischen» Sucher mystifizierte und ein deutschtümelndes Paracelsus-Bild vor «volksbiologischem» Hintergrund zeichnete.

Zwischen 1933 und 1945 erkor man Paracelsus dann zur Galionsfigur einer von führenden nationalsozialistischen Ärzten (durchaus widersprüchlich) konzipierten, nur in wenigen Fällen praktisch realisierten

Erwin Guido Kolbenheyer. Ausschnitt aus einem Gruppenbild der Sektion Dichtkunst in der Akademie der Künste, 1936

«Neuen Deutschen Heilkunde», die Naturheilkunde und wissenschaftliche Medizin vereinigen sollte. Doch auch Ärzte, die nicht zur «Neuen Deutschen Heilkunde» im engeren Sinn zu rechnen sind, glorifizierten Paracelsus. Der große deutsche Arzt war in aller Munde. Besonders deutlich wurde die Signalfunktion des «Überarztes» Paracelsus für die nationalsozialistische Medizin im Jahre 1941, als der 400. Todestag zur Feier anstand. In diesem Jahr erreichte die Paracelsus-Memorial-Industrie einen erschreckenden Höhepunkt. Es erschienen allein 26 Monographien und 247 (!) Aufsätze, und es fanden Paracelsus-Feiern in Salzburg, Stuttgart/Tübingen und Villach statt. Ideologisch befrachtet war vor allem die Feier in Salzburg. Beim Festakt am 24. September 1941 sprachen Reichsinnenminister Dr. Wilhelm Frick, Oberbürgermeister Ing. Anton Giger, Reichsgesundheitsführer Dr. Leonardo Conti sowie Gauleiter und Reichsstatthalter Dr. Friedrich Rainer. Aus der Ansprache von Frick seien Auszüge zitiert: «Idealismus und klarer Blick für die Wirklichkeiten des Lebens vereinigen sich [...] in Paracelsus, gestalten sein Weltbild und machen ihn zum vorbildlichen Arzt und Forscher. Aufrecht und kompromißlos trat er für das ein, was er für wahr und richtig erkannt hatte, eine echte Kämpfernatur mit eisernem Willen. Er wußte besser als seine ärztlichen Zeitgenossen, was einem Volke nottut. Vom Judentum, von artfremdem Blut und artfremder Geisterhaltung wollte er nichts wissen. Das körperlich und geistig Minderwertige lehnte er ab. Gesunde Aufzucht ist ihm das Ziel der Ehe. Er weiß, was eine starke Seele über den Körper vermag, was der Mensch leisten kann, wenn er will, was der Genesungswille für die Heilung der Krankheit und was eine ethisch hochstehende gesunde Lebensführung für die soziale Hygiene bedeutet. So wird er zum Revolutionär der Wissenschaft und zum Gesundheitslehrer. Seine Zeit war nicht reif für die Aufnahme so großartiger, weitausschauender und volksbeglückender Gedanken. Um sie zur Auswirkung zu bringen, mußte der Nationalsozialismus kommen, der das ganze deutsche Volk mit den Ideen seines genialen Führers durchdrang und die ganze Macht der Staatsautorität hinter sich hatte».[242] In die gleiche Kerbe wie Frick schlug auch Conti. Demgegenüber war die gleichzeitig in Salzburg stattfindende Ausstellung, zumindest nach dem «Kurzen Führer» zu schließen, ideologisch eher neutral gehalten. Übrigens enthält das Werk des Paracelsus tatsächlich zahlreiche antijüdische Äußerungen. Die Judenfeindschaft des Paracelsus entsprach in ihrer Mischung aus «christlich-theologischem» Antijudaismus und sozialen Elementen (hier: Angriffe gegen jüdische Ärzte) wohl der Einstellung der meisten seiner Zeitgenossen.[243] Dies entschuldigt Paracelsus natürlich nicht, gerade von einem sonst so sozialethisch argumentierenden Denker hätte man anderes erwarten können.

Rechtzeitig zu der wegen der Kriegsereignisse weniger aufwendig geplanten Paracelsus-Gedenkfeier zum 450. Geburtstag des Paracelsus im

Szenenbild aus dem Film «Paracelsus» von Georg Wilhelm Pabst
mit Werner Krauss in der Titelrolle, 1943

Jahre 1943 wurde auch ein Film fertiggestellt, der «die Gestalt des
großen Mannes» unter nationalsozialistischen Vorzeichen «dem Volke
nahe […] bringen» sollte.[244] Der unter der Regie von Georg W. Pabst ge-
drehte Film erweist sich bei eingehender Analyse tatsächlich als «Propa-
ganda des Herzens», wie es in einer Begleitbroschüre hieß. Paracelsus
wurde als «deutscher Arzt» charakterisiert. In seiner Person wurden der

Kampf und das «völkische» Deutschtum verherrlicht. Einige Szenen lassen jedoch darauf schließen, daß der in den dreißiger Jahren als der «rote Pabst» bekannte Regisseur, dessen geplante Emigration 1939 nur knapp gescheitert war, auch – gegen das ihm oktroyierte Drehbuch – regimekritische Stellen in den Film einbaute.

Der Name Paracelsus ist auch heutzutage noch präsent. Darauf wurde in der Einleitung schon hingewiesen. Hier seien nur noch zwei Belege seines Fortwirkens angeführt. Nicht verwunderlich ist es, daß Paracelsus auch heute noch den Namen für pharmazeutische Präparate hergibt. So nennt die «Große deutsche Spezialitäten-Taxe» zahlreiche einschlägige Präparate, darunter die von der Paracelsus-Apotheke in Regensburg hergestellte Paracelsus-Nervenstärkung oder die Paracelsus-Windtropfen auf homöopathischer Basis.[245] Darüber hinaus ehrt die Deutsche Ärzteschaft seit 1952 mit einer Paracelsus-Medaille alljährlich Ärzte, «die sich durch ihre vorbildliche ärztliche Haltung, durch besondere Verdienste um Stellung und Geltung des ärztlichen Standes oder durch außerordentliche wissenschaftliche Leistungen hervorgetan haben»[246].

Wer war er nun wirklich, dieser Theophrastus Bombast von Hohenheim, genannt Paracelsus? Im Lauf dieser Darstellung wurde ein eigenwilliger Arzt, Astrologe, Laientheologe und Sozialethiker sichtbar, dessen Werk noch immer Rätsel aufgibt. Als Arzt schrieb er gegen die herrschende hippokratisch-galenistische Medizin seiner Zeit an und entwickelte auf der Basis seiner komplexen Naturphilosophie eigenständige Konzepte von Körpergeschehen, Krankheit und Therapie. Als Begründer der neuzeitlichen experimentellen Medizin kann Paracelsus auf keinen Fall angesehen werden. Zwar sprach er oft von Experiment und Erfahrung, doch de facto blieb er einer spekulativ-intuitiven Naturauffassung verhaftet. Wenn im Sinne einer Fortschrittsgeschichte hin zur modernen naturwissenschaftlichen Medizin Positives über ihn gesagt werden kann, dann vielleicht dies: Sein Aufbegehren gegen die Autoritäten, zu Lebzeiten weitgehend wirkungslos, hatte mittelbare Folgen. Seine Angriffe, von späteren Anhängern wiederholt und verstärkt, führten mit dazu, daß die fortschrittshemmende hippokratisch-galenistische Medizin schließlich ins Wanken geriet. Auf seinen Überlegungen baute die Chemiatrie des 16. und 17. Jahrhunderts auf, die schließlich in die moderne Arzneimittellehre mündete.

Bemerkenswert ist, daß Paracelsus, dessen medizinische Schriften nur zum kleineren Teil zu seinen Lebzeiten gedruckt wurden, den Zeitgenossen vor allem als Astrologe und Verfasser prognostischer Schriften bekannt wurde. Auch hier suchte er seinen eigenen Weg zu gehen und wandte sich beispielsweise gegen die Vorhersage nur nach Maßgabe der Jahreseingangskonstellation. Auch die «Fernwirkungen» der Planeten über ein Jahr hinaus seien zu bedenken. Festzuhalten ist aber unbedingt,

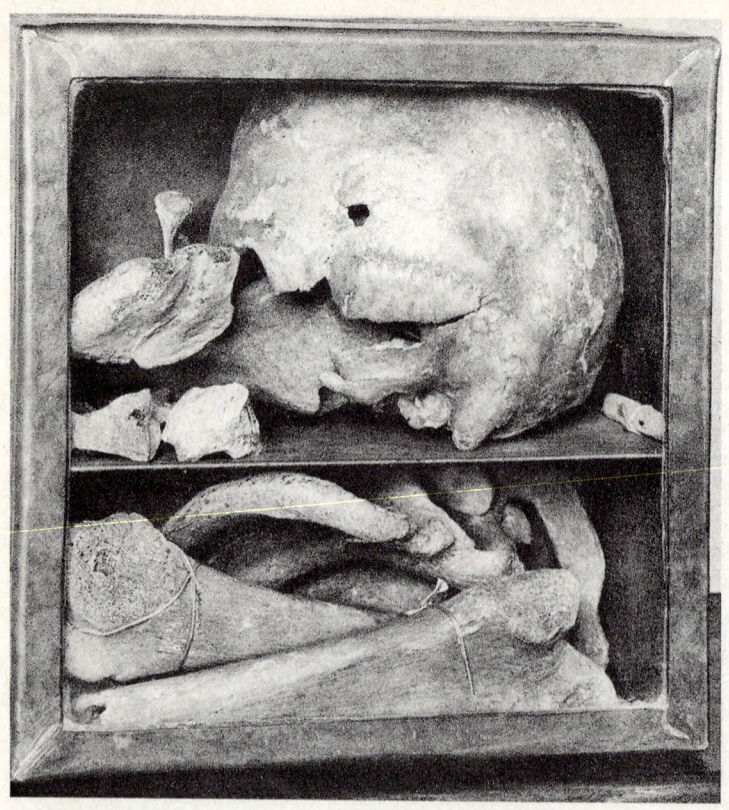

Die Gebeine des Paracelsus

daß gerade bei seinen Ausführungen zur Astrologie manche Ungereimtheiten und Inkonsequenzen zu verzeichnen sind.

Als Theologe war Paracelsus zeit seines Lebens nahezu wirkungslos, da seine Schriften nicht gedruckt wurden, erst nach seinem Tode wurden seine Gedanken vor allem von Anhängern dissidenter Glaubensbewegungen aufgegriffen und verbreitet. Der radikale Christ und eigenwillige Bibelexeget Paracelsus bleibt im übrigen noch zu entdecken.

Auch als Sozialethiker ist Paracelsus zu Lebzeiten nahezu unbekannt geblieben, da seine Schriften mit einschlägigen Äußerungen (sowohl die medizinisch-naturkundlichen wie die theologischen) erst postum erschienen. Eindringlich forderte er in diesen Schriften soziale Gerechtigkeit und setzte sich für die Armen ein. Dieser Paracelsus verdient sicher das Überleben jenseits des Mythos. Und es ist dieser «kritische» Paracelsus, dem man mit seinen eigenen Worten wenigstens im Tod einen Anflug jener Ruhe wünscht, die er in der letzten Figur seiner *Prognostication auff xxiiii. jar zukünfftig* von 1536 so anrührend beschrieb:

Du hast dich hart gemüt die gulden welt zemachen, darumb du auf dein tagwerk bilich solt ruwen und ruw haben (10, 616).

Anmerkungen

Nachweise wurden im folgenden mit Angabe von Verfasser, Jahr und Seitenzahl geführt; die vollständigen Titel der zitierten Werke finden sich in der Bibliographie. Lagen von einem Verfasser zwei oder mehrere Studien aus demselben Jahr vor, so wurde eine kurze Erläuterung beigefügt, die die Identifizierung ermöglicht, zum Beispiel: Bittel 1943, Beiname = Karl Bittel: Ist der Beiname «Paracelsus» am Oberrhein entstanden. In: Zeitschrift für die Geschichte des Oberrheins NF 56 (1943), S. 668–670. Bei Bezugnahme auf Literatur, die nicht in der Paracelsus-Bibliographie verzeichnet ist, wurde der vollständige Titel angegeben.

1 Jorge Luis Borges: Die Rose des Paracelsus. In: Ders.: Spiegel und Maske. Erzählungen 1970–1983. Frankfurt a. M. 1993, S. 212–216, hier S. 216

2 Band und Seitenzahl ohne Kürzel in Klammern gesetzt verweisen auf die Paracelsus-Ausgabe von Karl Sudhoff: Theophrast von Hohenheim, genannt Paracelsus: Sämtliche Werke. 1. Abteilung: Medizinische, naturwissenschaftliche und philosophische Schriften. Hg. von Karl Sudhoff. Bd. 1–14. München und Berlin 1922–1933. Die Angabe von Band und Seitenzahl mit Kürzel Th bezeichnet die von Kurt Goldammer besorgte Ausgabe der Theologica: Theophrast von Hohenheim, genannt Paracelsus: Sämtliche Werke. 2. Abteilung: Theologische und religionsphilosophische Schriften. Hg. von Kurt Goldammer. Wiesbaden, Stuttgart 1955 ff.

3 Bittel 1943, Korrekturen, S. 31

4 Bittel 1944, Kindheit, S. 37

5 Vgl. zum folgenden vor allem Bernd Moeller: Deutschland im Zeitalter der Reformation. Göttingen ²1981; vgl. dazu auch Walther Peter Fuchs: Das Zeitalter der Reformation. München ⁸1986; Helmut Neuhaus: Ereignisse und Entwicklungen 1493–1648. In: Deutsche Geschichte. Hg. von Werner Conze und Volker Hentschel. Darmstadt ⁴1988, S. 112–132; Heilwig Schomerus: Das Zeitalter der Reformation und die Anfänge der Neuzeit. In: Deutsche Geschichte. Hg. von Werner Conze und Volker Hentschel. Darmstadt ⁴1988, S. 133–140

6 Vgl. zum folgenden Jürgen Mittelstraß: Neuzeit und Aufklärung. Studien zur Entstehung der neuzeitlichen Wissenschaft und Philosophie. Berlin, New York 1970, hier S. 132–167; August Buck: Einleitung. In: Die Antike-Rezeption in den Wissenschaften während der Renaissance. Hg. von August Buck und Klaus Heitmann. Weinheim 1983, S. 1–5, und Paul Oskar Kristeller: Scholastik und Huma-

nismus an der Universität Heidelberg. In: Der Humanismus und die oberen Fakultäten. Hg. von Gundolf Keil, Bernd Moeller und Winfried Trusen. Weinheim 1987, S. 1–20

7 Vgl. zu Ficino und Pico vor allem Müller-Jahncke 1987, S. 33–56

8 Vgl. dazu Bittel 1942, Ist Paracelsus 1493 oder 1494 geboren, S. 1163–1165; Bittel war allerdings noch immer zu unkritisch, was die Quellen angeht.

9 Vgl. dazu Benzenhöfer 1997, S. 12

10 Vgl. vor allem Bittel 1942, Genealogie, S. 359 f. und Fellmeth 1993, S. 23–32

11 Vgl. Fellmeth 1993, S. 26

12 Vgl. Bittel 1942, Genealogie, S. 360

13 Vgl. Fellmeth 1993, S. 28

14 Besondere Verbreitung erhielt der Name Aureolus durch die beiden schon erwähnten Stiche des Monogrammisten AH: «Aureoli Theophrasti ab Hohenhaim. Effigies»; «Effigies Aureoli Theophrasti ab Hohenheim».

15 Vgl. Bittel 1944, Kindheit, S. 39

16 Vgl. dazu – allerdings noch zu unkritisch – Bittel 1943, Beiname, S. 669

17 Vgl. dazu Bittel 1943, Para und Paracelsus

18 Zum Kundschaftsbrief vgl. Dopsch 1994, Testament, S. 262

19 Zitiert nach Bittel 1942, Genealogie, S. 360

20 Als widerlegt hat die Auffassung zu gelten, wonach die Mutter eine geborene Ochsner gewesen sei.

21 Vgl. Bittel 1942, Genealogie, S. 360

22 Zum Text vgl. Dopsch 1994, Testament, S. 269 f.

23 Vgl. Dopsch 1994, Testament, S. 269

24 Vgl. dazu Lienhardt 1977

25 Vgl. Dopsch 1994, Testament, S. 262

26 Vgl. dazu auch Bittel 1944, Kindheit, S. 43

27 Vgl. dazu Goldammer 1986, S. 72

28 Vgl. zu den Lehrern des Paracelsus Goldammer 1986, S. 60–86, und Kramml 1993, Beziehungen, S. 269–282

29 So Kramml 1993, Beziehungen, S. 271

30 Vgl. Ludwig 1993, S. 312, und Schubert / Sudhoff 1889, S. 84–87

31 Vgl. Burckhardt 1914, Nochmals der Doktortitel, S. 885, und Bittel 1943, Elsässer Zeit, S. 158. Gelegentlich erwähnte Paracelsus auch das *löbliche Gewölbe* (6, 457) der Anatomie zu Ferrara.

32 Vgl. Münster 1969, S. 178

33 Vgl. Meier 1993, S. 451

34 Vgl. Rudolph 1981, Schriftauslegung, S. 110

35 Text: Martin 1918, S. 23–25; Kramml 1993, Inventar, S. 184 f.

36 Vgl. zum folgenden vor allem Kramml 1994, Paracelsus in Salzburg, S. 176–179

37 Vgl. Kramml 1994, Paracelsus in Salzburg, S. 179

38 Riß (und wohl auch Setznagel [Seynagell]) werden in der noch auf biographische Validität näher zu untersuchenden «Rhapsodia vitae Theophrasti Paracelsi» von Peter Payngk (ca. 1615/20) erwähnt; vgl. Limbeck 1994, S. 23–25

39 Klein 1951, S. 177, konjizierte wohl fälschlicherweise «sorgleich» (in Sorgen).

40 Zitiert nach Kramml 1993, Inventar, S. 185

41 Vgl. Dopsch 1993, Paracelsus, Salzburg und der Bauernkrieg, S. 304–307

42 Vgl. Dopsch 1994, Paracelsus, die Reformation und der Bauernkrieg, S. 210

43 Zum Überblick vgl. Gause 1993 und Haas 1994

44 Textauszüge bei Sudhoff 1898/99, S. 295–297

45 Die drei «Doctores» sind laut Dopsch 1993, S. 301, am Salzburger Bischofshof nicht nachgewiesen.

46 Vgl. dazu auch Biegger 1990, S. 201–203, und Gause 1993, S. 26–42. Gause geht davon aus, daß diese Schrift nach *De sancta trinitate* entstanden sei; dem widerspricht die – zumindest in einer Handschrift – datierte Vorrede von *De virgine sancta theotoca*.

47 Zu weiteren Marienschriften des Paracelsus vgl. Biegger 1990.

48 Vgl. dazu auch Biegger 1990, S. 206–209, und Gause 1993, S. 11–26

49 Vgl. dazu vor allem Gause 1993, S. 118–144

50 Vgl. Gause 1993, S. 286

51 Vgl. Gause 1993, S. 286

52 Vgl. Gause 1993, S. 118

53 Vgl. dazu Rudolph 1981, Schriftauslegung, S. 109, und Dopsch 1994, Paracelsus, die Reformation und der Bauernkrieg, S. 205, die den Brief (abgedruckt in der Weimarer Luther-Ausgabe, Bd. 3, S. 465–467) abweichend von Sudhoff vor allem wegen des Stils für authentisch halten.

54 Vgl. Sudhoff 1898/99, S. 237

55 Dieser «Anhang» mit Auslegungen zu Matth 6–23 entstand nach Gause 1993, S. 199, direkt im Anschluß an den ersten Kommentar, also ca. 1525/26. Paracelsus verfaßte später weitere Matthäus-Kommentare, die allerdings von der Forschung erst noch erschlossen werden müssen.

56 Vgl. Gause 1993, S. 286 f.

57 Vgl. Gause 1993, S. 287

58 Vgl. Gause 1993, S. 287

59 Gause 1993, S. 287

60 Gause 1993, S. 288

61 Sudhoff nahm an, daß der Weg «über München zur Donau» führte, doch ist dies nicht gesichert; vgl. Sudhoff 1936, S. 17

62 Vgl. Sudhoff 1936, S. 18

63 Vgl. Pletscher 1951, S. 617–620, und Haebler 1963, S. 23–33

64 Vgl. Burckhardt 1914, Nochmals der Doktortitel, S. 885

65 Schubert/Sudhoff 1889, S. 3

66 Schubert/Sudhoff 1889, S. 3

67 Vgl. dazu Dopsch 1994, Paracelsus, die Reformation und der Bauernkrieg, S. 215

68 Vgl. Wickersheimer 1951 und Blaser 1979, S. 21–26

69 Vgl. Wickersheimer 1951, S. 361

70 Vgl. Blaser 1979, S. 26

71 Vgl. Blaser 1979, S. 26

72 Vgl. Blaser 1979, S. 26

73 Vgl. Schubert/Sudhoff 1889, S. 99–122; Sudhoff 1936, S. 24–26; Meier 1993, S. 221–225 (mit neuer Übersetzung der Briefe von M. Ramming)

74 Schubert/Sudhoff 1889, S. 110

75 Sudhoff 1936, S. 26

76 Im zeitlichen Umfeld der *Archidoxen* entstand sicher auch *De renovatione et restauratione* (3, 203–220). Darin wird direkt auf die *Archidoxen* verwiesen (3, 210). Dies sei hier auch deshalb angemerkt, da in diesem Text die «tria prima» Mercurius, Sulphur und Sal schon erwähnt sind, die, wie manche Autoren neuerdings glauben machen wollen, erst in der St. Galler Zeit entdeckt wurden. Auch im *sechsten Buch in der Arznei* werden, allerdings ohne nähere Spezifikation, die *tres [sic] primae* erwähnt (2, 366).

77 Vgl. dazu Robert Jütte: Ärzte, Heiler und Patienten. Medizinischer Alltag in der frühen Neuzeit. München und Zürich 1991, S. 17–29

78 Vgl. dazu Georg Harig und Peter Schneck: Geschichte der Medizin. Berlin 1990, S. 43 f.

79 Bemerkenswert ist, daß Paracelsus in seinen frühen Schriften die alte Medizin nicht gänzlich verwarf. So hieß es etwa im *sechsten Buch in der Arznei*, daß *unsere vordern [...] nicht ganz zu verwerfen* seien (2, 363).

80 Vgl. Benzenhöfer 1989, S. 72–77. Paracelsus schimpfte zwar vor allem über Johannes de Rupescissa, ließ sich aber dennoch von ihm in der Quintessenzlehre inspirieren.

81 Auch im *Volumen Paramirum* ist, trotz aller manifesten Abweichung von der alten Medizin, der Bruch noch nicht vollständig vollzogen. So werden etwa Galen und andere antike Ärzte ohne Ressentiment genannt.

82 Vgl. 9, 25

83 Vgl. Rosner 1994, S. 446. – Rosner 1981, S. 48, hatte noch 1520 bis 1522 als Entstehungszeitpunkt angegeben.

84 Vgl. Rosner 1994, S. 447

85 Vgl. Rosner 1994, S. 455

86 Vgl. Rosner 1994, S. 448

87 Vgl. Blaser 1979, S. 106

88 Vgl. Blaser 1979, S. 28 f. Es wäre in diesem Zusammenhang auch zu klären, ob ein in London entdeckter Brief des Paracelsus an Oekolampadius echt ist; vgl. Biegger 1990, S. 40.

89 Vgl. Hartmann 1947, S. 240

90 Vgl. Blaser 1979, S. 65

91 Vgl. Hartmann 1947, S. 237

92 Hartmann 1947, S. 240

93 Vgl. Burckhardt 1914, Wie lange, S. 356–368. Auffällig am Rechnungseintrag für diese erste Periode ist, daß Paracelsus als «arzet von der lectur» bezeichnet wurde. Es ist unklar, ob sich dieser Eintrag auf schon gehaltene oder noch zu haltende Vorlesungen bezog (die berühmte Vorlesungseinladung ging am 5.6.1527 aus). Festzuhalten ist auch, daß der erste Eintrag unter der Rubrik allgemeine städtische Ausgaben lief. Demgegenüber wurden die Rechnungen für die Perioden vom 16.6.–21.9.1527 und vom 22.9.1527–20.12.1527 unter der Rubrik Universitätsausgaben gebucht. Dies erscheint seltsam, da Paracelsus ja auf jeden Fall weiter Stadtarzt war, allerdings von der Fakultät nicht als Ordinarius akzeptiert wurde.

94 Vgl. zum folgenden Blaser 1979, S. 104–113

95 Die Höhe des Honorars ist ein Indiz dafür, daß der Rat der Stadt davon ausgegangen war, daß Paracelsus als Stadtarzt und Ordinarius wirken sollte.

96 Vgl. Blaser 1979, S. 43

97 Bittel 1945, Basler Lektur, S. 17

98 Vgl. Blaser 1979, S. 42

99 Vgl. Sudhoff 1936, S. 27–30

100 Zitiert nach Sudhoff 1936, S. 29

101 Paracelsus schrieb im *Paragranum*: *ich hab die summa der bücher [«Canon» des Avicenna?] in sanct Johannis feuer geworfen, auf das alles unglück mit dem rauch in luft gang.* (8, 58) Auch Sebastian Franck hatte 1529 zumindest von einem entsprechenden Gerücht gehört: «Den Avicennam soll er verprent haben zu Basel in offenlicher Universität»; vgl. Sudhoff 1936, S. 69.

102 Vgl. zum Überblick Schubert/Sudhoff 1889, S. 10–15, und Blaser 1979, S. 46. Vielleicht eskalierte der Konflikt erst nach den Sommerferien, die vom 6.7. bis zum 17.8.1527 dauerten, als Paracelsus, der sicher während der Ferien las (*De urinarum ac pulsuum judiciis*; vgl. 4, 549), seine Vorlesungen regulär fortsetzen wollte.

103 Text des Konzeptes: 4, 143–145; Text der Eingabe: 4, 141 f.

104 Milt 1941, S. 331

105 Vgl. Milt 1929, S. 488

106 Blaser 1979, S. 58, weist darauf
hin, daß das Wasserzeichen des
Papiers der Eingabe in Basel erst
1528 nachgewiesen sei. Das Pam-
phlet wurde demnach frühestens
Ende 1527 angeschlagen.

107 Vgl. Schubert/Sudhoff 1889,
S. 32–56; Blaser 1979, S. 54

108 Zitiert nach Sudhoff 1936, S. 40

109 Vgl. Schubert/Sudhoff 1889,
S. 57–59, Bittel 1943, Las Paracelsus, S. 15, und Blaser 1979, S. 60 f.

110 Vgl. Bittel 1943, Las Paracelsus,
S. 15

111 Zitiert nach Bittel 1943, Las Paracelsus, S. 15

112 Vgl. Bittel 1943, Las Paracelsus,
S. 15

113 Vgl. Hartmann 1947, S. 309; Text
auch 6, 37

114 Vgl. Hartmann 1947, S. 306 f.; Text
auch 6, 34 f.

115 Vgl. Hartmann 1947, S. 307 f.

116 Vgl. Hartmann 1947, S. 307

117 Dazu ausführlich Benzenhöfer,
Der Brief des Johannes Oporinus
(im Erscheinen). Der Original-
brief ist nicht erhalten. Die einzelnen Überlieferungsstränge dif-
ferieren im Wortlaut.

118 Vgl. dazu Benzenhöfer, Der Brief
des Johannes Oporinus (im Er-
scheinen). Vgl. auch Schubert/
Sudhoff 1889, S. 79–83; Sudhoff
1936, S. 45–49; Domandl 1975,
S. 53–70; Gilly 1977, S. 93–95;
Benzenhöfer 1989, Zum Brief des
Johannes Oporinus, S. 55–63;
Gilly 1994, S. 434, und S. 474

119 Zitiert nach Benzenhöfer (im Er-
scheinen). Mein Dank gilt Herrn
Dr. R. Seidel (Heidelberg) für
Hilfen bei der Übersetzung.

120 So zählte Blaser etwa auch den
Aphorismenkommentar, den sogenannten *Antimedicus* und die
*Schrift über Purgieren und Ader-
laß*, die in der erhaltenen Form
sicher nicht als Vorlesungsgrund-
lage dienten, zu den «Vorlesungs-
schriften», vgl. Blaser 1979, S. 52.

121 Dabei wurde die Existenz von
Kollegmitschriften als sehr starkes Indiz gewertet.

122 Welche dieser Vorlesungen Paracelsus tatsächlich in deutscher
Sprache gehalten hat (zu vermuten ist es zumindest für die chirurgischen Vorlesungen), ist nicht
endgültig geklärt. Zur weiteren
Klärung sind eingehende Untersuchungen der erhaltenen Kollegmitschriften, die oft deutsch-la-
teinischen Mischtext enthalten,
notwendig.

123 Vgl. dazu Bittel 1943, Las Paracelsus, S. 13

124 Vgl. dazu Milt 1941, S. 321

125 Die Betonung liegt auf «medizinische» Vorlesungen. Eventuell
hatte Johannes Oekolampadius
in Basel schon zu Beginn der
zwanziger Jahre des 16. Jahrhunderts theologische Vorlesungen in
deutscher Sprache gehalten. Leider gibt Meier 1993, S. 47, keine
Quelle für seine diesbezügliche
Angabe an.

126 Zitiert nach Sudhoff 1936, S. 39 f.

127 Vgl. Blaser 1979, S. 96

128 Vgl. Blaser 1979, S. 92 f.

129 Dies sei nur anhand eines Bei-
spiels aus *De gradibus* belegt
(Übersetzung: Karl Bittel): *Ich
sage, daß die Natur die Natur
heilt; Hippokrates sagt, daß die
Tugend (virtus) die Krankheit
heilt. Was haltet ihr von diesen
Aussagen: Nehmt sowohl dies von
uns, als jenes von Hippokrates,
damit ihr die Kranken heilet.*
(zitiert nach Bittel 1945, Basler
Lektur, S. 18; lateinischer Text: 4,
74)

130 Zitiert nach Bittel 1945, Paracelsus im Spiegel, S. 588

131 Vgl. Bittel 1945, Paracelsus im Spiegel, S. 588
132 Vgl. Bittel 1943, Elsässer Zeit, S. 176 f.
133 Text: Sudhoff 1936, S. 62 f. Vgl. dazu auch Bittel 1943, Elsässer Zeit, S. 178.
134 Zitiert nach Sudhoff 1936, S. 62
135 Die Datierung der von Sudhoff in die Kolmarer Zeit gelegten fragmentarischen *Drei Bücher von Wunden und Schäden* bedürfte der Überprüfung. In dieser Schrift werden die Basler Ereignisse – im Gegensatz zu den in Kolmar dedizierten Schriften – nicht erwähnt. Vielleicht geht der erhaltene Kern auf die Zeit vor Kolmar zurück. Ein Zusammenhang mit Kolmar besteht allerdings insofern, als das zweite Buch dieser Schrift, wie schon Sudhoff erkannte (6, 10), textlich eng verwandt ist mit den *Sieben Büchern von allen offenen Schäden*, die Wickram in Kolmar gewidmet wurden.
136 Vgl. hierzu wie zum folgenden Toellner 1966, S. 489–497
137 Zitiert nach Sudhoff 1936, S. 68 f.
138 Vgl. 8, 50
139 Vgl. Sudhoff 1936, S. 76–78
140 Vgl. Sudhoff 1936, S. 73 f. Laut Sudhoff soll der Adressat Dr. Magenbuch gewesen sein.
141 Sudhoff 1936, S. 74
142 Sudhoff 1936, S. 81; vgl. 8, 226
143 Vgl. dazu auch Sudhoff 1898/99, S. 487 (Dürrenzimmern bei Nördlingen, Zimmern bei Weißenburg, Klosterzimmern)
144 Vgl. Keil/Daems 1977, S. 120
145 Vgl. 7, 13
146 Sudhoff, Vorrede (7, 34)
147 Vgl. Keil/Daems 1977, S. 118
148 Vgl. dazu Keil/Daems 1977, S. 120–141
149 Auf Probleme der Edition des *Opus Paragranum* kann hier nicht eingegangen werden. Die Sudhoffsche Ausgabe bedarf in diesem Fall dringender Revision.
150 Vgl. zu den zu Lebzeiten gedruckten Astrologica des Paracelsus ausführlich Benzenhöfer/Pfister 1993.
151 Vgl. Pfister 1994, S. 358–364, und Holenstein Weidmann 1994, S. 15–17
152 Vgl. dazu Pfister 1994, S. 355–358, und Holenstein Weidmann 1994, S. 17 f.
153 Meier 1994, S. 119; Sudhoff 1936, S. 105, gab den 10. 12. 1531 als Todestag Studers an.
154 Zitiert nach Rosner 1977, S. 25
155 Vgl. Rosner 1977, S. 26
156 Vgl. Rosner 1977, S. 34–37
157 Vgl. Meier 1993, S. 187–190; Schubert/Sudhoff 1889, S. 158. Anders Sudhoff 1936, S. 123, und Rosner 1977, S. 39, die sich für Rockenhausen bei Aarau entschieden.
158 Vgl. Rosner 1977, S. 26
159 In das Jahr 1533 sind nach Angaben in den Handschriften mindestens zwei theologische Schriften des Paracelsus zu legen: *De coena domini ad Clementem VII*, das am 26. 5. 1533 zu «R...» (Ort nicht identifiziert, Roggenhalm?) beendet wurde (vgl. dazu Schubert/Sudhoff 1889, S. 163), und *De potentia et potentiae gratiae dei*, das nach einer Bemerkung im Text *itzt anno 1533* geschrieben wurde (vgl. dazu Schubert/Sudhoff 1889, S. 158).
160 Vgl. Gabathuler 1945, S. 26; Abbildung bei Vogler 1988, S. 32 f.
161 Vgl. Gabathuler 1945, S. 26
162 Vgl. Schubert/Sudhoff 1889, S. 167 f.
163 Vgl. Goldammer 1986, S. 34–43
164 Vgl. Schubert/Sudhoff 1889, S. 143–45

165 Zitiert nach Schubert/Sudhoff 1889, S. 144

166 Vgl. Schubert/Sudhoff 1889, S. 123–146, Meier 1994, S. 117–120 (Meier bezieht sich vor allem auf die Ergebnisse des Rütinerkenners Ernst Gerhard Rüsch)

167 Zitiert nach Meier 1994, S. 118 f.

168 Vgl. Schubert/Sudhoff 1889, S. 133, Meier 1993, S. 49

169 Vgl. Meier 1993, S. 51 f.

170 Vgl. Sudhoff 1898/99, S. 528

171 Es ist im übrigen unklar, ob Watt das *Paramirum* zu Gesicht bekommen hat.

172 Vgl. Meier 1993, S. 66 und S. 421. Meier zitiert ohne Angabe einer Signatur nach «Akten der Ausstellung zum 400. Todestag von Paracelsus (1941) in der Stadtbibliothek Vadiana, St. Gallen».

173 Sudhoff, dem die Forschung meist unbesehen folgt, entschied sich im achten Band seiner Standardedition bei aller Vorsicht dafür, die zwei Teile des Drei-Prinzipien-Buches als Buch Eins und Zwei, das Tartarus-Buch als Buch Drei und das Frauen-Buch als Buch Vier zu zählen. *Von den unsichtbaren Krankheiten* rechnete er nicht direkt zum *Paramirum.*

174 Dies war schon im ersten Buch über die drei Prinzipien angedeutet worden; vgl. z. B. 9, 117.

175 Die «Psychiatrie» des Paracelsus ist eher im siebten *Buch in der Arznei, von den Krankheiten, die der Vernunft berauben* (2, 391–455) und in der *Philosophia de divinis operibus et factis* (v. a. 14, 29–94) zu finden.

176 Vgl. dazu Benzenhöfer 1995

177 Vgl. dazu ausführlich Benzenhöfer/Pfister 1993

178 Vgl. Brecht 1995, S. 76

179 Brecht 1995, S. 87

180 Vgl. Bunners 1961, S. 15

181 Vgl. Bunners 1961, S. 12

182 *De religione perpetua*; Sämtliche Werke, 2. Abteilung, hg. von Matthießen 1923, S. 107. Vgl. dazu auch Schipperges 1974, S. 206.

183 *De felici libertate*; Sämtliche Werke, 2. Abteilung, hg. von Matthießen 1923, S. 163

184 Ein Reiseweg, der von Meran nach Augsburg, dann zurück nach Pfäfers (1535) und nur wenige Zeit später erneut nach Augsburg (1536) führte, erscheint nicht plausibel.

185 Vgl. Sudhoff 1894, S. 221, der sich auf Toxites bezieht.

186 Vgl. dazu Daems 1986

187 Text: Sudhoff 1936, S. 133 f., und Bittel 1956, S. 96 f.

188 Text: Sudhoff 1936, S. 135 f., und Bittel 1956, S. 98

189 So der Patient des Paracelsus, Adam Reißner, nach Aussage von Toxites; vgl. Sudhoff 1936, S. 137

190 Vgl. 10, VI

191 Laut Sudhoff (10, XLI) hatte Murr (1799) auf die Familie Zerotin als Adressaten hingewiesen. Die Konsilien selbst geben über die Adressaten keinen näheren Aufschluß.

192 Vgl. 10, V

193 Bittel 1956, S. 93, schrieb wohl irrtümlich «München».

194 Laut *Zedelin* in der *Großen Wundartzney*; vgl. 10, IX.

195 Vgl. zum folgenden ausführlicher Benzenhöfer 1989

196 Vgl. zu Talhauser vor allem Telle 1972, S. 7 f.

197 Vgl. 10, VI

198 Vgl. Strunz 1903, S. 73. Strunz war nach eigener Aussage von dem Archivar J. Batka auf den entsprechenden Eintrag im Verrechnungsbuch der Stadtkämmerer zu Preßburg aufmerksam gemacht worden.

199 Vgl. Sudhoff 1936, S. 144, und Kramml 1993, Beziehungen, S. 277. Dieses Zusammentreffen ist Gegenstand eines auf 1553 datierten, in tschechischer Sprache abgefaßten Berichtes, dessen Authentizität höchst fraglich ist.

200 Vgl. Sudhoff 1898/99, S. 49

201 So Sudhoff 1936, S. 144

202 Es ist nicht klar, wo Paracelsus die Vorrede zum *Labyrinthus medicorum* an die *Hippocratischen Doctores* vom 1.8.1538 abschloß. Vielleicht war er zu diesem Zeitpunkt schon in St. Veit. Die Datierung besagt nur, daß er zu diesem Zeitpunkt an eine Veröffentlichung mit Hilfe der Kärntner Stände dachte (11, 164).

203 Es ist in diesen frühen Dokumenten seltsamerweise an keiner Stelle die Rede von der *Kärntner Chronik*, die in späteren Druckausgaben den Kärntner Schriften beigefügt wurde.

204 Es ist nicht gesichert, daß Paracelsus, wie Sudhoff 1936, S. 150, annahm, 1538 selbst nach Klagenfurt geritten war, um die Schriften dort abzugeben und die Antwort der Stände in Empfang zu nehmen. Erst am 2.3.1540 ist er zweifellos durch einen Brief an den Obersten Feldhauptmann der Niederösterreichischen Lande, Hans Ungnad, Freiherr zu Sonnegg (11, 294), in Klagenfurt nachgewiesen.

205 Vgl. Sudhoff 1936, S. 151 f.

206 Dazu zuletzt Hannessschläger 1994, S. 218

207 Vgl. dazu Blaser 1979, S. 9–19

208 Hinzu kommen noch *Necromantia*, *Medicina adepta*, *Philosophia adepta*, *Mathematica adepta* und die *Artes incertae* (Geo-, Pyro-, Hydro- und Chaomantie). Zu diesen neun «Gliedern» treten auch noch zehn *Künste* der *Astronomia*, bei denen nach Paracelsus der Himmel selbst der *Astronomus* sei. Dazu zählen z. B. *Divinatio*, *Augurium* und *Impressio*, auch *Inanimatum*, die Kunst, die sogenannten Zwischenwesen (oft falsch als «Elementargeister» bezeichnet) erkennen und verstehen zu können.

209 Einen neuplatonisch-hermetischen Einfluß bei Paracelsus sehen auch Pagel 1962, S. 72 f. (er weist u. a. auf die neuplatonische Abkunft der paracelsischen Samen-Lehre in der *Astronomia magna* hin), und Müller-Jahncke 1985, S. 82 (er betont, daß Paracelsus bei seiner Konzeption der Magie hermetisch-kabbalistischer Überlieferung gefolgt sei). Doch auch wenn man diesen Einfluß konzediert, kann nicht – darauf weist Goldammer 1986, S. 299, hin – von Paracelsus als von einem Neuplatoniker im engeren Sinne gesprochen werden, der etwa die Konzeption einer Weltseele oder einer Seinshierarchie wie Ficino oder Pico della Mirandola vertreten würde.

210 Vgl. Benzenhöfer/Pfister 1993, S. 238; Holenstein Weidmann 1993, S. 26; Pfister 1994, S. 364

211 Vgl. zum folgenden ausführlich Benzenhöfer/Pfister 1993, S. 238–240

212 Vgl. 9, 445–460

213 Vgl. Rhein 1991, S. 68–71

214 Vgl. dazu Kramml 1993, Beziehungen, S. 278

215 Vgl. Kramml 1993, Beziehungen, S. 278

216 Vgl. Biegger 1990, S. 36

217 Vgl. *Liber Sermonum in Antichristos et Pseudoprophetas*; zitiert nach Biegger 1990, S. 36

218 Vgl. 11, XXVIII

219 Vgl. dazu Dopsch 1994, Testament, S. 251–277
220 Vgl. Dopsch 1994, Testament, S. 263
221 Vgl. Dopsch 1994, Testament, S. 264
222 Vgl. Dopsch 1994, Testament, S. 272. Der genannte Salzburger Historiker sieht keinen Anhalt für die Hypothese Bittels (vgl. Bittel 1942, Kaigasse, S. 129 f.), die Wirtshausstube sei der Notariatssitz Kalbsohrs gewesen.
223 Zu den Zeugen vgl. Kramml 1994, Paracelsus in Salzburg, S. 177–182, und Dopsch 1994, Testament, S. 252. – Kramml 1994, S. 180, weist darauf hin, daß die Zeugen nicht unbedingt Bekannte des Paracelsus gewesen sein mußten; sie konnten eventuell auch nur durch die Testamentsvollstrecker hinzugezogen worden sein.
224 Vgl. Dopsch 1994, Testament, S. 269 f.
225 Abbildung z. B. bei Dopsch 1994, Testament, S. 265
226 Vgl. Dopsch 1994, Testament, S. 252 f.
227 Vgl. Dopsch 1994, Testament, S. 253
228 Vgl. Dopsch 1994, Testament, S. 254
229 Vgl. Dopsch 1994, Testament, S. 255
230 Vgl. Dopsch 1994, Testament, S. 254
231 Vgl. Kritscher, Szilvássy, Vycudilik 1994, S. 87
232 Vgl. Bittel 1944, Referat: Tod
233 Das folgende, teilweise ergänzt, nach Benzenhöfer 1991, Paracelsus. Leben – Werk – Aspekte der Wirkung, S. 14–18
234 Vgl. Sudhoff 1894
235 Vgl. Pagel 1984, S. 60–69
236 Vgl. Telle 1994, S. XII
237 Vgl. Gunnoe 1994, S. 127–148
238 Vgl. Benzenhöfer/Theile 1991
239 Vgl. z. B. Bartscherer 1911
240 Vgl. z. B. 2, 195; 3, 304
241 Vgl. dazu vor allem Goldammer 1980
242 Paracelsus-Feier 1941, S. 3
243 Vgl. dazu Benzenhöfer/Finsterbusch (im Erscheinen)
244 Vgl. Benzenhöfer 1991, Paracelsus. Leben – Werk – Aspekte der Wirkung, S. 359–377
245 Vgl. Triebs 1991
246 Vgl. Benzenhöfer 1991, Paracelsus. Leben – Werk – Aspekte der Wirkung, S. 17 f.

Zeittafel

1493 oder 1494	Theophrastus Bombast von Hohenheim wird als Sohn des Arztes Wilhelm Bombast von Hohenheim und einer namentlich nicht bekannten Mutter (einer Leibeigenen des Klosters zu Einsiedeln) geboren; das genaue Geburtsdatum ist unbekannt.
um 1502	Umzug mit dem Vater nach Villach. Für die Folgezeit bis ca. 1524 gibt es keine sicher datierten Lebensspuren. Es ist nicht bekannt, wo die Schul- bzw. Hochschulausbildung (Ausnahme: Ferrara, Promotion) stattfand.
um 1515	Abschluß des Medizinstudiums mit der Promotion in Ferrara (nach eigener Aussage).
etwa 1516–1524	«Große Wanderung» durch ganz Europa; ärztliche, eventuell auch feldärztliche Tätigkeit.
1516/17	Wohl Teilnahme am Venedischen Krieg.
1519	Wohl Teilnahme am Niederländischen Krieg.
1520	Wohl Teilnahme am Dänischen Krieg.
1524/25	Aufenthalt in Salzburg (Beginn unklar); theologische Schriften entstehen. Die Rolle des Paracelsus beim Salzburger Gewerken- und Knappenaufstand ist unklar; sein fluchtartiges Verlassen der Stadt Mitte 1525 könnte damit in Verbindung stehen.
1525/26	Unterwegs; u. a. Behandlung von Markgraf Philipp I. von Baden (Spätsommer/Herbst 1526).
1526	Spätestens im November Ankunft in Straßburg; Erwerb des Bürgerrechts am 5.12.; u. a. Behandlung des Domsekretärs Nikolaus Gerbel; die Drucklegung zweier chirurgischer Schriften scheitert.
1527	Eventuell im Januar/Februar erfolgreiche Behandlung des Buchdruckers Johannes Froben in Basel und Begegnung mit Erasmus von Rotterdam; jedenfalls Weggang aus Straßburg am 26.2.1527. Im März 1527 offizielle Aufnahme des Dienstes als Stadtarzt in Basel; Paracelsus fühlt sich als «Ordinarius»; doch wird er wohl von der Fakultät nicht akzeptiert (dies wäre Bedingung für Ordinariat); er hält dennoch Vorlesungen in lateinischer und deutscher Sprache (Beginn unklar); Auseinandersetzungen mit Ärztekollegen und Apothekern.
1528	Wohl im Februar fluchtartiges Verlassen Basels, Grund: drohende Strafe wegen heftiger Anwürfe gegen den Rat der Stadt nach Honorarstreit mit einem Patienten. Ankunft in Kolmar

	spätestens Ende Februar; ärztliche Praxis; Zeit des Weggangs unklar.
1529	Aufenthalt in Nürnberg; zwei Syphilisschriften werden gedruckt. 1529/30 entstehen astrologische Schriften.
1530	Aufenthalt in Beratzhausen; Protest gegen Nürnberger Druckverhinderung (1.3.); Arbeit am *Paragranum;* Regensburg (29.3.); Amberg (12.7.); Zimmern (19.7.); theologische Schriften entstehen.
1531	St. Gallen; Widmung des *Opus Paramirum* an Joachim von Watt; Behandlung des angesehenen Christian Studer.
1532/33	Biographisch unklar; Schloß Horn (Bodensee); Hohentwiel; eventuell Roggenhalm bei Bühler. Ende 1533 (17.12.) wieder in St. Gallen.
1534	Innsbruck; Sterzing (Ankunft vor Pestausbruch im Juni); Meran; Elend und «Glück» wechseln.
1535	Aufenthalt in Bad Pfäfers; Konsilium für Abt J. J. Russinger. Bäderschrift *Vonn dem Bad Pfeffers* (gedruckt).
1536	Aufenthalt in Augsburg; Druck der *Großen Wundartzney*.
1537	Eferding bei Linz; weiter nach Mährisch-Kromau; Behandlung des böhmischen Erbmarschalls Johann von Leipnick; Arbeit an der *Astronomia magna* (1537/38). Ende September Preßburg; Wien (Streit mit Ärztekollegen).
1538	Villach. Am 12.5. stellt hier die Stadt eine Urkunde über den am 8.9.1534 eingetretenen Tod des Vaters aus. August: St. Veit (Kärnten); hier Widmung der sogenannten Kärntner Schriften (24.8.1538); Druck kam jedoch nicht zustande.
1539	Biographisch unklar.
1540	Am 2.3. in Klagenfurt, nach eigener Aussage krank; theologische Schriften (*Sermones*) entstehen.
1541	Salzburg (Ankunftsdatum unklar). 21.9.: Testamentsaufnahme; 24.9.: Tod.

Zeugnisse

Michel Eyquem de Montaigne
Man sagt, daß ein Neuankömmling, den sie Paracelsus nennen, das ganze Ge-bäude der alten Regeln verändert und umstürzt und behauptet, sie [die Heil-kunde] habe bis zur Stunde zu nichts anderem gedient, als die Menschheit ins Grab zu bringen. Ich glaube, daß er das leichterdings beweisen wird; aber mein Leben der Bewährung seiner neuen Verfahren auszusetzen, das wäre, finde ich, nicht sehr weise gehandelt.

Apologie des Raimund Sebundus, um 1576

Gottfried Wilhelm Leibniz
Aus den Teutschen Bergwerken nun haben Frater Basilius, Isaac Hollandus, Theophrastus Paracelsus ihre Experienz zusammengelesen; und als sie der Ara-bischen oder von den Arabern [...] das ihre habenden Alchymisten [...] mehr subtilität als erfahrung habende theori [sic] zu der Teutschen arbeitsleute praxi gethan, [haben sie] die wahre Chymie herfür gebracht, welche hernach in solche perfection gestiegen, daß nun iederman dafür helt, daß fast die meisten inner-lichen functiones in der natur, und sonderlich [im] Menschlichen Leibe, durch gleichsam Chymische distillationes, sublimationes, solutiones, praecipitationes, fermentationes, reactiones zugehen.

Bedenken von Aufrichtung einer Akademie, 1671

Johann Wolfgang von Goethe
Man ist gegen den Geist und die Talente dieses außerordentlichen Mannes in der neuern Zeit mehr als in einer früheren gerecht, daher man uns eine Schilderung derselben gern erlassen wird.

Zur Farbenlehre, 1810

Georg Wilhelm Friedrich Hegel
Welche Schriften er [Jakob Böhme] sonst gelesen hat, ist nicht bekannt. Aber eine Menge Stellen in seinen Schriften beweisen, daß er viel gelesen hat, offenbar be-sonders mystische, theosophische und alchymistische Schriften, zum Theil wohl des Theophrastus Paracelsus Bombastus von Hohenheim; – eines Philosophen ähnlichen Kalibers, aber eigentlich verworrener und ohne die Tiefe des Gemüths des Böhme.

Vorlesungen über die Geschichte der Philosophie

Viktor von Weizsäcker
Paracelsus ist ein ganz großer Arzt gewesen. Er ist ein Riese in seinen Kräften, in seiner Lebenseile, seinem Lebensrhythmus; ein feuriger, leidenschaftlicher, ein sarkastischer, kühner und über alles ein gläubiger Mensch. Paracelsus wird heute wieder verstanden und geliebt, auch von den besten unter uns Ärzten. Paracelsus ist ein so intelligenter, ein so schöpferischer, reicher, ein so phantasiekräftiger, unmittelbar sicherer Mensch, er ist ein Mann zum Bewundern, sich Begeistern, ein so höchstindividueller und seltener Mensch. Er ist so voll von deutscher Phantastik, Verworrenheit, unergründlicher Tiefheit, auch Grobheit, nüchtern, wild und schön.

Bilden und Helfen, 1926

C. G. Jung
Die moderne Medizin, welche die Seele nicht mehr als ein bloßes Anhängsel des Körpers verstehen kann und daher den sogenannten «psychischen Faktor» mehr und mehr in Betracht zu ziehen beginnt, nähert sich in gewissem Sinne wieder der paracelsischen Vorstellung, wodurch auch die ganze geistige Erscheinung des Paracelsus selber in ein neues Licht tritt. Wie Paracelsus einst ein Bahnbrecher der medizinischen Wissenschaft war, so wird er uns heute, wie es scheint, zum Symbol einer wichtigen Veränderung unserer Anschauung vom Wesen der Krankheit sowohl wie vom Wesen des Lebendigen überhaupt.

Paracelsus, 1929

Bibliographie

1. Bibliographien

Werke des Paracelsus

Sudhoff, Karl: Bibliographia Paracelsica. Besprechung der unter Hohenheims Namen 1527–1893 erschienenen Druckschriften (= Versuch einer Kritik der Echtheit der Paracelsischen Schriften. 1. Teil). Berlin 1894 (Neudruck Graz 1958)
–: Versuch einer Kritik der Echtheit der Paracelsischen Schriften. 2. Teil: Paracelsus-Handschriften. Berlin 1898/99

Sekundärliteratur

Sudhoff, Karl: Nachweise zur Paracelsus-Literatur. Beilage zu den Acta Paracelsica H. 1–5. München 1932
Weimann, Karl-Heinz: Paracelsus-Bibliographie 1932–1960. Mit einem Verzeichnis neuentdeckter Paracelsus-Handschriften (1900–1960). Wiesbaden 1963
Dilg-Frank, Rosemarie: Paracelse, Philosophie de la Nature et de la Religion: Bibliographie 1960–1980. In: Antoine Faivre, Frédérick Tristan (Hg.): Paracelse. Paris 1980, S. 269–280
Telle, Joachim: Bibliographie zum frühneuzeitlichen Paracelsismus unter besonderer Berücksichtigung des deutschen Kulturgebiets. In: Ders. (Hg.): Analecta Paracelsica. Stuttgart 1994, S. 556–564
Paulus, Julian: Paracelsus-Bibliographie 1961–1986. Heidelberg 1997

2. Werke

Gesamtausgaben

Bücher und Schrifften […]. Hg. von Johannes Huser. 11 Teile in 6 Bdn. Bde. 1–5 (Teile 1–10): Basel 1589–1591; Bd. 6 (11. Teil: Chirurgische Bücher und Schrifften): Straßburg 1605 (Nachdruck Hildesheim, New York 1971–1975) [wichtige Ausgabe]
Sämtliche Werke. 1. Abteilung: Medizinische, naturwissenschaftliche und philosophische Schriften. Hg. von Karl Sudhoff. Bd. 1–14. München und Berlin 1922–1933. Dazu: Registerbd., bearbeitet von Martin Müller. Einsiedeln 1960 [Standardausgabe]

Sämtliche Werke. 2. Abteilung: Theologische und religionsphilosophische Schriften. Bd. 1: Philosophia magna I. Hg. von Wilhelm Matthießen. München 1923 [mehr seinerzeit nicht erschienen]

Sämtliche Werke. Nach der 10bändigen Huserschen Gesamtausgabe (1589–1591) zum erstenmal in neuzeitliches Deutsch übersetzt. Hg. von Bernhard Aschner. 4 Bde. Jena 1926–1932 [nicht zitierfähig]

Sämtliche Werke in zeitgemäßer Kürzung. Hg. von Josef Strebel. 8 Bde. St. Gallen 1944–1949 [nicht zitierfähig]

Werke. Hg. von Will-Erich Peuckert. 5 Bde. Basel u. Stuttgart 1965–1968 (Nachdruck Basel und Stuttgart 1990–91) [nicht zitierfähig]

Sämtliche Werke. 2. Abteilung: Theologische und religionsphilosophische Schriften. Hg. von Kurt Goldammer. Wiesbaden, Stuttgart 1955–1986 [Standardausgabe, allerdings noch nicht abgeschlossen]

Auswahlausgaben

Schriften. Hg. von Hans Kayser. Leipzig 1921

Von der rechten Heilkunst. Ein Paracelsus-Lesebuch. Hg. von Ludwig Englert. Stuttgart 1939

Der gefangene Glanz. Aus den Werken des Paracelsus. Hg. von Lothar Scheyer. Freiburg 1940

Die Geheimnisse. Ein Lesebuch aus seinen Schriften. Hg. von Will-Erich Peuckert. Leipzig 1941

Four Treatises. Hg. von Henry E. Sigerist. Baltimore 1941 (Nachdruck New York 1979)

Lebendiges Erbe. Hg. von Jolande Jacobi. Zürich, Leipzig 1942, ²1991

Pansophische Schriften. Theophrasti Paracelsi Philosophia mystica. Hg. von Will-Erich Peuckert. Berlin 1943

Sozialethische und sozialpolitische Schriften. Hg. von Kurt Goldammer. Tübingen 1952

Die Kärntner Schriften. Ausgabe des Landes Kärnten. Hg. von Kurt Goldammer. Klagenfurt 1955

Ausgewählte Schriften. Hg. von Charles Waldemar. München 1959

Vom Licht der Natur und des Geistes. Eine Auswahl. Hg. von Kurt Goldammer. Stuttgart 1984 [Erstdruck 1960]

Vom eigenen Vermögen der Natur. Frühe Schriften zur Heilmittellehre. Mit einem Nachwort von Heinz Schott. Hg. von Gunhild Pörksen. Frankfurt a. M. 1988

Der Himmel der Philosophen. Magische, alchemistische und astrologische Schriften. Nördlingen 1988 [zum größten Teil pseudo-paracelsische Texte nach der Aschner-Ausgabe]

Vom gesunden und seligen Leben. Ausgewählte Texte. Hg. von Rolf Löther und Siegfried Wollgast. Leipzig ²1991

Einzelausgaben

Das Buch Paragranum. Hg. von Franz Strunz. Leipzig 1903

Volumen Paramirum (Von Krankheit und gesundem Leben). Hg. von Johann Daniel Achelis. Jena 1928

Von der Bergsucht und anderen Bergkrankheiten. Hg. von Franz Koelsch. Berlin 1925

Liber de nymphis, sylphis, pygmaeis et salamandris et de caeteris spiritibus. Hg. von Robert Blaser. Bern 1960

Das Buch der Erkanntnus. Hg. von Kurt Goldammer. Berlin 1964

Die grosse Wundartzney. Buch 1 und 2. Hg. von Udo Benzenhöfer. Hannover 1989

Von dem Bad Pfeffers in Oberschwytz gelegen. Hg. von Gunhild Pörksen. Pfäfers 1993

3. Gesamtdarstellungen

Netzhammer, Raymund: Theophrastus Paracelsus. Einsiedeln 1901

Strunz, Franz: Theophrastus Paracelsus. Sein Leben und seine Persönlichkeit. Ein Beitrag zur Geistesgeschichte der deutschen Renaissance. Leipzig 1903

Hartmann, Reinhold Julius: Theophrast v. Hohenheim. Stuttgart, Berlin 1904

Gundolf, Friedrich: Paracelsus. Berlin 1927

Sudhoff, Karl: Paracelsus. Ein deutsches Lebensbild aus den Tagen der Renaissance. Leipzig 1936

Peuckert, Will-Erich: Theophrastus Paracelsus. Stuttgart, Berlin [3]1944 [Nachdruck Hildesheim 1991]

Vogt, Alfred: Theophrastus Paracelsus als Arzt und Philosoph. Stuttgart 1956

Kerner, Dieter: Paracelsus. Leben und Werk. Stuttgart 1965

Zekert, Otto: Paracelsus. Europäer im 16. Jahrhundert. Stuttgart, Berlin 1968

Hemleben, Johannes: Paracelsus. Revolutionär, Arzt und Christ. Frauenfeld, Stuttgart [2]1973

Schipperges, Heinrich: Paracelsus. Der Mensch im Licht der Natur. Stuttgart 1974

Pagel, Walter: Paracelsus. An Introduction to Philosophical Medicine in the Era of the Renaissance. 2. überarb. Aufl. Basel, München etc. 1982 [Erstausgabe 1958]

Braun, Lucien: Paracelsus – Alchimist, Chemiker, Erneuerer der Heilkunde. Zürich 1988

Kästner, Ingrid: Paracelsus. 2. Aufl. Leipzig 1989

Schwedt, Georg: Paracelsus in Europa. München 1993

Meier, Pirmin: Paracelsus. Arzt und Prophet. Zürich 1993

4. Sammelbände

Domandl, Sepp (Hg.): Die ganze Welt ein Apotheken. Festschrift für Otto Zekert zum 75. Geburtstag. Wien 1969

– (Hg.): Paracelsus. Werk und Wirkung. Festgabe für Kurt Goldammer zum 60. Geburtstag. Wien 1975

Faivre, Antoine, Tristan, Frédérick (Hg.): Paracelse. Paris 1980

Dilg-Frank, Rosemarie: Kreatur und Kosmos. Internationale Beiträge zur Paracelsus-Forschung. Stuttgart 1981 [auch in: Medizinhistorisches Journal 16 (1981), H. 1/2]

Goldammer, Kurt: Paracelsus in neuen Horizonten. Gesammelte Aufsätze. Wien 1986

Telle, Joachim (Hg.): Parerga Paracelsica. Paracelsus in Vergangenheit und Gegenwart. Stuttgart 1991

Benzenhöfer, Udo (Hg.): Paracelsus. Leben – Werk – Aspekte der Wirkung. Katalog zur Ausstellung in Hannover im Jahre 1991. Hannover 1991

– (Hg.): Paracelsus. Darmstadt 1993 [Wiederabdruck älterer Aufsätze verschiedener Autoren]

Dilg, Peter, Rudolph, Hartmut (Hg.): Resultate und Desiderate der Paracelsus-Forschung. Stuttgart 1993

Dopsch, Heinz, Goldammer, Kurt, Kramml, Peter F. (Hg.): Paracelsus (1493–1541). «Keines andern Knecht…». Salzburg 1993

Fellmeth, Ulrich, Kotheder, Andreas (Hg.): Paracelsus. Theophrast von Hohenheim: Naturforscher, Arzt, Theologe. Stuttgart 1993

Jütte, Robert (Hg.): Paracelsus heute – im Lichte der Natur. Heidelberg 1994

Dopsch, Heinz, Kramml, Peter F. (Hg.): Paracelsus und Salzburg. Vorträge bei den Internationalen Kongressen in Salzburg und Badgastein anläßlich des Paracelsus-Jahres 1993. Salzburg 1994

Telle, Joachim (Hg.): Analecta Paracelsica. Studien zum Nachleben Theophrast von Hohenheims im deutschen Kulturgebiet der frühen Neuzeit. Stuttgart 1994

Zimmermann, Volker (Hg.): Paracelsus. Das Werk – die Rezeption. Beiträge des Symposiums zum 500. Geburtstag von Theophrastus Bombastus von Hohenheim, genannt Paracelsus (1493–1541) an der Universität Basel am 3. und 4. Dezember 1993. Stuttgart 1995

Dilg, Peter, Rudolph, Hartmut (Hg.): Neue Beiträge zur Paracelsus-Forschung. Stuttgart 1995

5. Untersuchungen

Beiträge aus den oben aufgeführten Sammelbänden werden abgekürzt zitiert

Biographie

Benzenhöfer, Udo: Zum Brief des Johannes Oporinus über Paracelsus. Die bislang älteste bekannte Briefüberlieferung in einer «Oratio» von Gervasius Marstaller. In: Sudhoffs Archiv 73 (1989), S. 55–63

–: Zum «500.» Geburtstag des Theophrast von Hohenheim, genannt Paracelsus. In: Deutsches Ärzteblatt 90 (1993), S. A704–A706

–: Theophrastus oder Theophrast? Eine Anmerkung zum Vornamen des Paracelsus. In: Beiträge zur Geschichte der Pharmazie 49 (1997), S. 12

–: -Der Brief des Johannes Oporinus über Paracelsus (im Erscheinen)

Bittel, Karl: Zur Genealogie der Bombaste von Hohenheim. In: Münchener Medizinische Wochenschrift 89 (1942), S. 359–360

–: Ist Paracelsus 1493 oder 1494 geboren? In: Die Medizinische Welt 16 (1942), S. 1163–1165

–: Paracelsus im Bauernkrieg. In: Propyläen 39 (1942), S. 74

–: Ist Paracelsus in der Kaigasse 8 gestorben. In: Hippokrates 13 (1942), S. 129f.

–: Ein Allgäuer Intermezzo des Paracelsus. Schwäbisches von Theophrast Bombast von Hohenheim. In: Das schöne Allgäu 10 (1942), S. 43

–: Korrekturen zur Paracelsus-Biographie. Über die Notwendigkeit eines dokumentarischen Quellenwerkes. In: Hippokrates 14 (1943), S. 30–32

–: Paracelsus am Oberrhein. In: Straßburger Monatshefte 7 (1943), S. 226–233

–: Ist der Beiname «Paracelsus» am Oberrhein entstanden. In: Zeitschrift für die Geschichte des Oberrheins NF 56 (1943), S. 668–670

–: Die Elsässer Zeit des Paracelsus. Hohenheims Wirken in Straßburg und Kolmar, sowie seine Beziehungen zu Lorenz Fries. In: Elsaß-Lothringisches Jahrbuch 21 (1943), S. 157–186

–: Las Paracelsus an der Universität Basel oder auf einem freien Lehrstuhl. In: Die Medizinische Welt 17 (1943), S. 13–15

–: Geburt, Kindheit und Jugend des Paracelsus. In: Europäischer Wissenschaftsdienst 3 (1943), S. 8–11

–: Para und Paracelsus (= Paracelsus-Dokumentation / Referatblätter A 44). Stuttgart 1943

–: Die Kindheit Theophrasts in Einsiedeln. Fragen nach dem historischen Wahrheitsgehalt der Paracelsus-Biographie. In: Nova Acta Paracelsica 1 (1944), S. 37–44

–: Referat: Tod (Paracelsus-Dokumentation / Referatblätter 8). Stuttgart 1944

–: Paracelsus im Spiegel seiner Zeit. In: Schweizerische Medizinische Wochenschrift 75 (1945), S. 587–589

–: Die Basler Lektur des Theophrast. In: Nova Acta Paracelsica 2 (1945), S. 15–32

–: Paracelsus und seine Vaterstadt Villach. In: Carinthia I (1953), S. 549–572

– (Hg.): Paracelsus. Leben und Lebensweisheit in Selbstzeugnissen. Leipzig 1956

Blaser, Robert-Henri: Paracelsus in Basel. Festschrift für Robert-Henri Blaser zum 60. Geburtstag, hg. von der Schweizerischen Paracelsus-Gesellschaft. Muttenz, Basel 1979

Burckhardt, Albrecht: Wie lange und in welcher amtlichen Stellung war Paracelsus in Basel? In: Correspondenzblatt für Schweizer Aerzte 44 (1914), S. 356–368

–: Nochmals der Doktortitel des Paracelsus. In: Correspondenzblatt für Schweizer Aerzte 44 (1914), S. 884–887

Daems, Willem F.: Medizinhistorische Notizen zum Paracelsus-Consilium (1535) für Abt Johann Jakob Russinger. In: Daems, Willem F., Vogler, Werner: Das medizinische Consilium des Paracelsus für Abt Johann Jakob Russinger von Pfäfers 1535. Neu-Edition und Kommentar. Einsiedeln 1986, S. 19–31

Domandl, Sepp: Paracelsus, Weyrer [sic], Oporin. Die Hintergründe des Pamphlets von 1555. In: Domandl 1975, S. 53–70 und S. 391 f.

Dopsch, Heinz: Humanismus, Renaissance und Reformation – Paracelsus und die geistigen Bewegungen seiner Zeit. In: Dopsch, Goldammer, Kramml 1993, S. 249–258

–: Paracelsus, Salzburg und der Bauernkrieg. In: Dopsch, Goldammer, Kramml 1993, S. 299–308

–: Paracelsus, die Reformation und der Bauernkrieg. In: Dopsch, Kramml 1994, S. 201–215

–: Testament, Tod und Grabmal des Paracelsus. Mit einer Übertragung des Testaments ins Neuhochdeutsche. In: Dopsch, Kramml 1994, S. 251–277

Fellmeth, Ulrich: Die Bombaste von Hohenheim. In: Dopsch, Goldammer, Kramml 1993, S. 23–32

Gabathuler, Mathäus: Vadian und Paracelsus. In: Gallusstadt (o. Bd.) 1945, S. 15–26

Haebler, Rolf G.: Paracelsus und der undankbare Markgraf von Baden. In: Ekkart. Jahrbuch für das Badner Land (o. Bd.) 1963, S. 23–33

Hartmann, Alfred (Hg.): Die Amerbach-Korrespondenz. Bd. 3: Die Briefe aus den Jahren 1525–1530. Basel 1947

Klein, Herbert: Paracelsus und der Bauernkrieg. In: Mitteilungen der Gesellschaft für Salzburger Landeskunde 91 (1951), S. 176–178

Kramml, Peter F.: Die Beziehungen des Paracelsus zu Fürsten und Bischöfen. In: Dopsch, Goldammer, Kramml 1993, S. 269–282

–: Inventar der von Paracelsus 1525 in Salzburg zurückgelassenen Habe. [Katalogbeitrag] In: Ernst Hintermaier (Hg.): Salzburg zur Zeit des Paracelsus. Salzburg 1993, S. 183–185

–: Paracelsus in Salzburg – Das Ende eines Mythos? In: Dopsch, Kramml 1994, S. 175–199

Kritscher, Herbert, Szilvássy, Johann, Vycudilik, Walter: Die Gebeine des Arztes Theophrastus Bombastus von Hohenheim, genannt Paracelsus – eine forensisch-anthropologische Studie. In: Dopsch, Kramml 1994, S. 69–96

Lienhardt, Bruno: Paracelsus und seine Einsiedler Vorfahren. In: Nova Acta Paracelsica 9 (1977), S. 190f.

Limbeck, Sven: Paracelsus in einer frühneuzeitlichen Historiensammlung. Die «Rhapsodia vitae Theophrasti Paracelsi» von Peter Payngk. In: Telle 1994, S. 1–58

Ludwig, Karl-Heinz: Der Bergbau zur Zeit des Paracelsus. In: Dopsch, Goldammer, Kramml 1993, S. 311–317

Martin, Franz: Eine neue Parazelsus-Urkunde. In: Mitteilungen der Gesellschaft für Salzburger Landeskunde 58 (1918), S. 23–28

Meier, Pirmin: Paracelsus. Arzt und Prophet. Zürich 1993

–: Magische Beschwörungen, aber keine alchemische Küche. Neue Erkenntnisse zur Sankt Galler Zeit des Paracelsus. In: Dopsch, Kramml 1994, S. 117–120

Milt, Bernhard: Conrad Gesner und Paracelsus. In: Schweizerische Medizinische Wochenschrift NS 10 (1929), S. 486–488 u. S. 506–509

–: Paracelsus und Zürich. In: Vierteljahresschrift der Naturforschenden Gesellschaft in Zürich 86 (1941), S. 321–354

Moro, Gotbert: Die Kärntner Chronik des Paracelsus. In: Theophrast von Hohenheim, genannt Paracelsus: Die Kärntner Schriften. Ausgabe des Landes Kärnten. Klagenfurt 1955, S. 327–347

Münster, Ladislao: Besteht noch eine Möglichkeit, das notarielle Privileg des Doktorexamens von Theophrast von Hohenheim in Ferrara aufzufinden? In: Domandl 1969, S. 173–183

Murr, Chr. Gottlieb von: Litterargeschichte des Paracelsus. Beylagen. In: Neues Journal zur Litteratur und Kunstgeschichte 2 (1799), S. 257–278

Neumann, Dieter: Paracelsus und Kärnten. In: Dopsch, Goldammer, Kramml 1993, S. 33–39

Neumann, Wilhelm: Historie und Zeitgeschehen im Werk des Paracelsus. In: Dopsch, Goldammer, Kramml 1993, S. 187–194

Pletscher, Werner: Paracelsus und Markgraf Philipp I. von Baden. In: Zeitschrift für die Geschichte des Oberrheins NF 60 (1951), S. 617–620

Rhein, Stefan: Melanchthon und Paracelsus. In: Telle 1991, S. 57–73

Rosner, Edwin: Hohenheims Weg von St. Gallen nach Augsburg 1531–1536. Wien 1977

Schubert, Eduard, Sudhoff, Karl: Paracelsus-Forschungen. 2. Heft: Handschriftliche Dokumente zur Lebensgeschichte Theophrast's von Hohenheim. Frankfurt a. M. 1889

Sudhoff, Karl: Paracelsus. Ein deutsches Lebensbild aus den Tagen der Renaissance. Leipzig 1936

Telle, Joachim: Wolfgang Talhauser. Zu Leben und Werk eines Augsburger Stadtarztes und seinen Beziehungen zu Paracelsus und Schwenckfeld. In: Medizinhistorisches Journal 7 (1972), S. 1–31

Temkin, Owsei: The Elusiveness of Paracelsus. In: Bulletin of the History of Medicine 26 (1952), S. 201–217

Toellner, Richard: Matthäus Kardinal Lang von Wellenburg und Paracelsus. Zur Polemik des Paracelsus gegen Kardinal Lang und die Fugger. In: Verhandlungen des XIX. Internationalen Kongresses für Geschichte der Medizin. Basel, New York 1966, S. 489–497

Vogler, Werner: Ein neues Dokument zum Aufenthalt von Paracelsus in St. Gallen im Jahre 1533. Nova Acta Paracelsica NF 3 (1988), S. 26 f.

Wickersheimer, Ernest: Paracelse à Strasbourg. In: Centaurus 1 (1951), S. 356–365

Medizin

Benzenhöfer, Udo: Nachwort. In: Paracelsus: Die grosse Wundartzney. Buch 1 und 2. Hg. von Udo Benzenhöfer. Hannover 1989, S. 1–7

–, Triebs, Michaela: Zu Theophrast von Hohenheims Auslegungen der «Aphorismen» des Hippokrates. In: Telle 1991, S. 27–37

–: Der Arzt und die Ethik: Zur Konzeption der Tugend als Grundsäule der Medizin im Opus Paragranum des Paracelsus. In: Niedersächsisches Ärzteblatt 66 (1993), S. 17–19

–: «Haec ad perfectum chirurgicum». Theophrast von Hohenheims Forderungen in bezug auf die Ethik in der Chirurgie. In: Sudhoffs Archiv 78 (1994), S. 107–112

Buess, Heinrich: Paracelsus und Agricola als Pioniere der Sozial- und Arbeitsmedizin. In: Deutsche medizinische Wochenschrift 86 (1961), S. 2335–2340

Eckart, Wolfgang: Medizin und Ethik. In: Jütte 1994, S. 111–123

Harrer, Gerhart: Paracelsus und die psychischen Krankheiten. In: Dopsch, Goldammer, Kramml 1993, S. 101–107

Hartmann, Fritz: Paracelsus und das Paradigma der heutigen Medizin. In: Evangelische Akademie Hofgeismar Protokoll 19/1983: Paracelsus, S. 38–66

Jütte, Robert: Chirurgie und Arbeitsmedizin. In: Jütte 1994, S. 99–110

Keil, Gundolf, Daems, Willem Frans: Paracelsus und die «Franzosen». Beobachtungen zur Venerologie Hohenheims. Teil I: Pathologie und nosologisches Konzept. In: Nova Acta Paracelsica 9 (1977), S. 99–151

Midelfort, H. C. Erik: The Anthropological Roots of Paracelsus' Psychiatry. In: Dilg-Frank 1981, S. 67–77

Pagel, Walter: An Introduction to Philosophical Medicine in the Era of the Renaissance. 2. überarb. Ausgabe. Basel, München, Paris 1982

Proksch, J. K.: Paracelsus als medizinischer Schriftsteller. Eine Studie. Wien, Leipzig 1911

Quecke, Kurt: «Unserm alter ein gütige milde ruhe sezen». Gerontologie und Geriatrie im Schrifttum des Paracelsus. In: Medizinischer Monatsspiegel (o. Bd.) 1959, S. 193–197

Riha, Ortrun: Paracelsus – der Michelangelo der Medizin? Diagnostik bei Paracelsus und Ortolf von Baierland. In: Fortschritte der Medizin 106 (1988), S. 61 f.

Rosner, Edwin: Hohenheims Bergsuchtmonographie. In: Dilg-Frank 1981, S. 20–52

–: Die medizinischen Schriften des Paracelsus. In: Dopsch, Goldammer, Kramml 1993, S. 81–88

–: Zur Schrift des Paracelsus über die Krankheiten im Bergbau. In: Dopsch, Goldammer, Kramml 1993, S. 325–332

Schadewaldt, Hans: Paracelsus und die Balneologie. In: Schweizerische Rundschau für Medizin (Praxis) 13 (1994), S. 3–8

Schefer, Hubert W.: Das Berufsethos des Arztes Paracelsus. Aarau, Frankfurt a. M., Salzburg 1990

Schipperges, Heinrich: Kranksein und Heilung bei Paracelsus. Wien 1978

–: Die Entienlehre des Paracelsus. Aufbau und Umriß seiner Theoretischen Pathologie. Berlin, Heidelberg, New York 1988

–: Die Medizin zur Zeit des Paracelsus. In: Dopsch, Goldammer, Kramml 1993, S. 73–80

Schmitt, Wolfram: Grundlinien der Epilepsielehre des Paracelsus. In: Domandl 1975, S. 259–274

Schott, Heinz: Psychosomatik. In: Jütte 1994, S. 85–98

Wettley, Annemarie: Psychopathologie und Dämonologie bei Paracelsus. In: Cesra-Säule 7 (1960), S. 17–23

Naturkunde (Alchemie, Chemie, Pharmazie, Botanik)

Benzenhöfer, Udo: Johannes' de Rupescissa «Liber de consideratione quintae essentiae omnium rerum» deutsch. Stuttgart 1989, S. 72–77 [über Paracelsus]

Daems, Willem F.: Die Idee der Heilpflanze bei Paracelsus. In: Dopsch/Goldammer/Kramml 1993, S. 133–139

Darmstädter, Ernst: Arznei und Alchemie. Paracelsusstudien. Leipzig 1931

Ganzenmüller, Wilhelm: Paracelsus und die Alchemie des Mittelalters. In: Ders.: Beiträge zur Geschichte der Technologie und Alchemie. Weinheim 1956, S. 300–314 [auch in Benzenhöfer 1993, S. 137–156]

Hoykaas, Reijer: Die Elementenlehre des Paracelsus. In: Janus 39 (1935), S. 175–187

Lauer, Hans H.: Element und Kräfte im Naturverständnis des Paracelsus. In: Antaios 11 (1970), S. 321–334

Müller-Jahncke, Wolf-Dieter: Die Signaturenlehre des Paracelsus. In: Dopsch, Goldammer, Kramml 1993, S. 167–169

–, Paulus, Julian: Die Stellung des Paracelsus in der Alchemie. In: Dopsch, Goldammer, Kramml 1993, S. 149–154

Multhauf, Robert: Medical Chemistry and the Paracelsians. Bulletin of the History of Medicine 28 (1954), S. 101–126

Nowotny, Otto: Die chemischen Arzneimittel des Paracelsus. In: Dopsch, Kramml 1994, S. 149–155

Quecke, Kurt: Die Signaturenlehre im Schrifttum des Paracelsus. In: Beiträge zur Geschichte der Pharmazie und ihrer Nachbargebiete 1 (1955), S. 41–51

Schneider, Wolfgang: Mein Umgang mit Paracelsus und Paracelsisten. Beiträge zur Paracelsus-Forschung, besonders auf arzneimittelgeschichtlichem Gebiet. Frankfurt a. M. 1982

Schuhmacher, Käthe: Die Signaturenlehre bei Paracelsus. Diss. med. Köln 1953

Sherlock, T. P.: The Chemical Work of Paracelsus. In: Ambix 3 (1948), S. 33–63

Telle, Joachim: Paracelsus als Alchemiker. In: Dopsch, Kramml 1994, S. 157–172

Zorn, Edith: Das Arzneimittel bei Paracelsus dargestellt anhand der Großen Wundarznei. Diss. rer. nat. Marburg 1989

Philosophie

Blümlein, Kilian: Naturerfahrung und Welterkenntnis. Der Beitrag des Paracelsus zur Entwicklung des neuzeitlichen naturwissenschaftlichen Denkens. Frankfurt a. M. 1992

Braun, Lucien: Paracelsus und die Philosophiegeschichte. Wien 1965

Heimsoeth, Heinz: Paracelsus als Philosoph. In: Deutsche Vierteljahresschrift für Literaturwissenschaft und Geistesgeschichte 19 (1941), S. 369–378

Kämmerer, Ernst Wilhelm: Das Leib-Seele-Geist-Problem bei Paracelsus und einigen Autoren des 17. Jahrhunderts. Wiesbaden 1971

Medicus, Fritz: Das Problem der Erkenntnis bei Paracelsus. In: Nova Acta Paracelsica 5 (1948), S. 1–17

Metzke, Erwin: Erfahrung und Natur in der Gedankenwelt des Paracelsus. In: Blätter für Deutsche Philosophie 13 (1939), S. 74–110

–: Mensch, Gestirn und Geschichte bei Paracelsus. In: Blätter für Deutsche Philosophie 15 (1941), S. 241–306

Pagel, Walter: Das medizinische Weltbild des Paracelsus. Seine Zusammenhänge mit Neuplatonismus und Gnosis. Wiesbaden 1962

Schott, Heinz: Die Heilkunde des Paracelsus im Schnittpunkt von Naturphilosophie, Alchemie und Psychologie. In: Dilg, Rudolph 1993, S. 25–41

Schütze, Ingo: Zur Ficino-Rezeption bei Paracelsus. In: Telle 1991, S. 39–44

Wegener, Christoph: Der Code der Welt. Das Prinzip der Ähnlichkeit in seiner Bedeutung und Funktion für die Paracelsische Naturphilosophie und Erkenntnislehre. Frankfurt a. M., Bern etc. 1988

Weinhandl, Ferdinand: Paracelsus-Studien. Wien 1970

Astrologie, Prognostik

Benzenhöfer, Udo, Pfister, Kathrin: Die zu Lebzeiten erschienenen Praktiken und Prognostikationen des Theophrast von Hohenheim, genannt Paracelsus. In: Dopsch, Goldammer, Kramml 1993, S. 235–242

Goldammer, Kurt: Die Astrologie im ärztlichen Denken des Paracelsus. In: Goldammer 1986, S. 250–262

Holenstein Weidmann, Pia: Paracelsus propheta – göttlicher Magier? In: Nova Acta Paracelsica NF 7 (1993), S. 11–44

Müller-Jahncke, Wolf-Dieter: Astrologisch-magische Theorie und Praxis in der Heilkunde der frühen Neuzeit. Stuttgart 1985, S. 67–89 [auch in Benzenhöfer 1993, S. 98–136]

Pfister, Kathrin: Die Weissagungen des Paracelsus. In: Dopsch, Kramml 1994, S. 355–367

Benzenhöfer, Udo: Hexenzeichen und Hexenwerke. Bemerkungen zur Hexenlehre des Theophrast von Hohenheim. In: Geschichte der Pharmazie 47 (1995), S. 11–13

–, Finsterbusch, Karin: Antijudaismus in den medizinisch-naturkundlichen Schriften des Paracelsus. In: Sudhoffs Archiv (im Erscheinen)

Biegger, Katharina: «De invocatione beatae Mariae virginis». Paracelsus und die Marienverehrung. Stuttgart 1990

Brecht, Martin: Der Psalmenkommentar des Paracelsus und die Reformation. In: Dilg, Rudolph 1995, S. 71–88

Dopsch, Heinz: Paracelsus, die Reformation und der Bauernkrieg. In: Dopsch, Kramml 1994, S. 201–215

Gause, Ute: Paracelsus (1493–1541). Genese und Entfaltung seiner frühen Theologie (Spätmittelalter und Reformation NR 4). Tübingen 1993

Goldammer, Kurt: Paracelsus. Natur und Offenbarung. Hannover 1953

–: Paracelsus in neuen Horizonten. Gesammelte Aufsätze (Salzburger Beiträge zur Paracelsusforschung 24). Wien 1986

–: Paracelsus und die soziale Frage. In: Ders.: Paracelsus-Studien. Klagenfurt 1954, S. 67–90 [auch in Benzenhöfer 1993, S. 220–246]

–: Neues zur Lebensgeschichte und Persönlichkeit des Theophrastus Paracelsus: 1. War Paracelsus Doktor der Theologie? Zur Berufsauffassung und Ämterlehre um 1530. 2. Die Ehelosigkeit des Paracelsus. In: Goldammer 1986, S. 34–57

–: Das religiöse Denken des Paracelsus. In: Dopsch, Goldammer, Kramml 1993, S. 195–200

–: Soziale Utopien bei Paracelsus. In: Dopsch, Kramml 1994, S. 383–392

Guinsburg, Arlene Miller: Paracelsian Magic and Theology. A Case Study of the Matthew Commentaries. In: Dilg-Frank 1981, S. 125–139

Haas, Alois M.: Paracelsus der Theologe: Die Salzburger Anfänge 1524/25. In: Dopsch, Kramml 1994, S. 369–382

Matthießen, Wilhelm: Die Form des religiösen Verhaltens bei Theophrast von Hohenheim, gen. Paracelsus. Diss. phil. Bonn 1917 [auch in Benzenhöfer 1993, S. 157–219]

Rudolph, Hartmut: Theophrast von Hohenheim (Paracelsus). In: Hans-Jürgen Goertz (Hg.): Radikale Reformatoren. München 1978, S. 231–242 und S. 252

–: Fragen zum sogenannten «Vita beata»-Schrifttum des Paracelsus. In: Nova Acta Paracelsica 9 (1977), S. 193–204

–: Schriftauslegung und Schriftverständnis bei Paracelsus. In: Dilg-Frank 1981, S. 101–124

–: Einige Gesichtspunkte zum Thema «Paracelsus und Luther». In: Archiv für Reformationsgeschichte 72 (1981), S. 34–53

–: Der Laientheologe. In: Fellmeth, Kotheder 1993, S. 55–62

–: Viehischer und himmlischer Leib: Zur Bedeutung von 1. Korinther 15 für die Zwei-Leiber-Spekulation des Paracelsus. In: Carleton Germanic Papers 22 (1994), S. 106–120

–: Paracelsus' Laientheologie in traditionsgeschichtlicher Sicht und ihre Zuordnung zu Reformation und katholischer Reform. In: Dilg, Rudolph 1993, S. 79–97

Sartorius, Freiherr von Waltershausen, Bodo: Paracelsus am Eingang der deutschen Bildungsgeschichte. Leipzig 1935

Török, Stephan: Die Religionsphilosophie des Paracelsus und ihr zeitgeschichtlicher Hintergrund. Diss. theol. Zwei Teile. Wien 1946

Nachleben

Artelt, Walter: Wandlungen des Paracelsusbildes in der Medizingeschichte. In: Nova Acta Paracelsica 8 (1957), S. 33–38

Bartscherer, Agnes: Paracelsus, Paracelsisten und Goethes Faust. Dortmund 1911

Baumast, Theo: Paracelsus-Nachfolge in Süddeutschland. In: Pforzheimer Kurier 6.9.1957, S. 18

Benzenhöfer, Udo: Aspekte der Wirkung. In: Benzenhöfer 1991, S. 14–19

–, Theile, Gudrun: «Die höchst gefährlichen Grillen dieses Sternnarrs»: Bemerkungen zum Paracelsus-Bild des Johann Georg Zimmermann (1728–1795). In: Benzenhöfer 1991, S. 20–22

–: Zum Paracelsus-Film von Georg W. Pabst (1943). In: Telle 1991, S. 359–378

–: Die Paracelsus-Dramen der Martha Sills-Fuchs im Umfeld des «Vereins Deutsche Volksheilkunde» Julius Streichers. In: Dilg, Rudolph 1993, S. 163–181

–: Zum Paracelsusbild im Nationalsozialismus. In: Meinel, Christoph, Voswinckel, Peter (Hg.): Medizin, Naturwissenschaft, Technik und Nationalsozialismus. Stuttgart 1994, S. 265–273

–: «War's Ernst, war's Spiel?» Bemerkungen zu Arthur Schnitzlers «Paracelsus»-Einakter. In: Dopsch, Kramml 1994, S. 121–127

–: «Ecce Ingenium Teutonicum». Bemerkungen zur Paracelsus-Romantrilogie Erwin Guido Kolbenheyers. In: Zimmermann 1995, S. 161–170

Debus, Allen: The Chemical Philosophy. Paracelsian Science and Medicine in the Sixteenth and Seventeenth Century. 2 Bde. New York 1977

–: The French Paracelsians. The Chemical Challenge to Medical and Scientific Tradition in Early Modern France. Cambridge 1991

Dilg, Peter: Paracelsus-Forschung gestern und heute: Grundlegende Ergebnisse, gescheiterte Versuche, neue Ansätze. In: Dilg, Rudolph 1993, S. 9–24

Domandl, Sepp (Hg.): Paracelsus und Paracelsustradition in Salzburg (1524–1976). Wien 1977

Eis, Gerhardt: Vor und nach Paracelsus. Untersuchungen über Hohenheims Traditionsverbundenheit und Nachrichten über seine Anhänger. Stuttgart 1965

Engelhardt, Dietrich von: Paracelsus im Urteil des 18. Jahrhunderts. In: Gesnerus 51 (1994), S. 165–182

–: Paracelsus im Urteil der Naturforschung und Medizin der Romantik. In: NTM. Internationale Zeitschrift für Geschichte und Ethik der Naturwissenschaft, Technik und Medizin NS 2 (1994), S. 97–116

Gerecke, Theodor: Paracelsus im Urteil vergangener Jahrhunderte und seine Würdigung in der Neuzeit. Diss. med. Freiburg 1945

Gilly, Carlos: Zwischen Erfahrung und Spekulation. Theodor Zwinger und die religiöse und kulturelle Krise seiner Zeit [Teil 1]. In: Basler Zeitschrift für Geschichte und Altertumskunde 77 (1977), S. 57–137

–: «Theophrastica Sancta». Der Paracelsismus als Religion im Streit mit den offiziellen Kirchen. In: Telle 1994, S. 427–488

Goldammer, Kurt: Paracelsus in der deutschen Romantik. Wien 1980

–: Aufgaben der Paracelsusforschung. In: Telle 1991, S. 1–26

Gunnoe, Charles D.: Thomas Erastus and his Circle of Anti-Paracelsians. In: Telle 1994, S. 127–148

Hannesschläger, Ingonda: Echte und vermeintliche Portraits des Paracelsus. In: Dopsch, Kramml 1994, S. 217–249

Kramml, Peter F.: Zwischen Rezeption, Kult, Vermarktung und Vereinnahmung – Die Paracelsustradition in der Stadt Salzburg. In: Dopsch, Kramml 1994, S. 279–346

Michael, Claudia: Kurzstatistik zu den von 1932–1960 erschienenen Paracelsus-Beiträgen. In: Benzenhöfer 1991, S. 23–25

Müller, Helene: Die Gestalt des Paracelsus in Sage und Dichtung. Eine stoffge-schichtliche Studie. Diss. phil. Wien 1935

Müller-Jahncke, Wolf-Dieter: Paracelsus in nummis. Nachrichten zu Medaillen auf Theophrast von Hohenheim aus dem 17.–20. Jahrhundert. In: Telle 1991, S. 301–358

Pagel, Walter: The Smiling Spleen. Paracelsianism in Storm and Stress. Basel, München etc. 1984

Paracelsus-Feier 1941 Salzburg. Hg. von der Paracelsus-Gesellschaft in Salzburg. Salzburg 1941

Schlögl, Rudolph: Ansätze zu einer Sozialgeschichte des Paracelsismus im 17. und 18. Jahrhundert. In: Dilg, Rudolph 1993, S. 113–144

Telle, Joachim: Johann Huser und der Paracelsismus im 16. Jahrhundert. In: Dopsch, Goldammer, Kramml 1993, S. 341–352

–: Vorwort. In: Telle 1994, S. IV–XV

Triebs, Michaela: Nach Paracelsus benannte Arzneimittel heute. In: Benzenhöfer 1991, S. 32–34

Weimann, Karl-Heinz: Paracelsus in der Weltliteratur (Beiträge zur Wirkungsge-schichte Hohenheims). In: Germanisch-Romanische Monatsschrift 42, NF 11 (1961), S. 241–274 [auch in Benzenhöfer 1993, S. 322–373]

–: Paracelsus in Literatur und Dichtung. In: Dopsch, Goldammer, Kramml 1993, S. 357–364

Wiedl, Birgit: Paracelsus auf der Bühne, im Film und in Ausstellungen. In: Dopsch, Goldammer, Kramml 1993, S. 365–374

Wollgast, Siegfried: Zur Wirkungsgeschichte des Paracelsus im 16. und 17. Jahr-hundert. In: Dilg, Rudolph 1993, S. 113–144

Namenregister

Über den Autor

Prof. Dr. med. Dr. phil. Udo Benzenhöfer, geb. 1957; Studium der Medizin, Germanistik und Philosophie. Promotion zum Dr. med. im Fach Medizingeschichte 1983; Promotion zum Dr. phil. (Germanistik) 1988. Seit 1988 Assistent an der Abteilung Geschichte der Medizin (jetzt: Medizingeschichte, Theorie und Ethik in der Medizin) der Medizinischen Hochschule Hannover. Habilitation im Fach Medizingeschichte 1991. Seit Anfang 1996 APL-Professor der Medizinischen Hochschule Hannover.

Zahlreiche Veröffentlichungen, u. a. zu den Themen Paracelsus, Paracelsismus, Geschichte der Alchemie, Geschichte der Psychiatrie, Geschichte der Psychosomatik.

Quellennachweis der Abbildungen

Archiv für Kunst und Geschichte, Berlin: 2 oben (2), 2 unten links, 13 oben, 14, 17, 40, 47, 71, 91, 96/97, 121, 122

Österreichische Nationalbibliothek, Bildarchiv, Wien: 2 unten rechts, 46, 58/59, 73, 84, 103

Sammlung Wolfgang Schneider, Braunschweig: 6, 20, 32, 64, 79, 126

Graphische Sammlung Albertina, Wien: 11, 50, 107

S. Maria Novella, Florenz: 13 unten

Privatbesitz, Paris: 15

Aus: Heinz Dopsch, Kurt Goldammer, Peter F. Kramml (Hg.): Paracelsus (1493– 1541) «Keines andern Knecht...». Salzburg 1993: 16 (Oskar Anrather, Wien), 21 (Johann Szilvássy, Wien), 22, 117 (Oskar Anrather)

Privatsammlung: 19

Aus: Sämtliche Werke. 1. Abteilung: Medizinische, naturwissenschaftliche und philosophische Schriften. Hg. von Karl Sudhoff. München und Berlin 1922 bis 1933: Bd. 7, 1923: 24, 76, 77, 78; Bd. 9, 1925: 87, 89, 92; Bd. 10, 1928: 98, 110; Bd. 12, 1929: 82, 108

Aus: Lucien Braun: Paracelsus – Alchimist, Chemiker, Erneuerer der Heilkunde. Zürich 1988: 26, 49 (EMB-Archiv, Luzern), 60 (EMB-Archiv), 101 (EMB-Archiv)

Universitätsbibliothek, Salzburg: 28/29, 44/45

Ernst Kaiser: 33, 54, 55, 70, 109, 111

Salzburger Museum Carolino Augusteum: 35, 116 (Foto: Helmut Meister)

Aus: Heinz Dopsch, Peter F. Kramml (Hg.): Paracelsus und Salzburg. Salzburg 1994: 36 (Oskar Anrather, Wien), 37

Aus: Ernest Wickesheimer: Paracelse à Strasbourg. In: Centaurus 1 (1951): 44 unten

Staatsarchiv Basel: 63

National Gallery of Scotland, Edinburgh: 66

Stiftsarchiv St. Gallen: 95

Germanisches Nationalmuseum, Nürnberg: 100

Zentralbibliothek Luzern: 115

Deutsches Institut für Filmkunde, Bildarchiv, Frankfurt a. M.: 124

Medizin / Psychologie

Alfred Adler
dargestellt von Josef Rattner
(189)

Anna Freud
dargestellt von
Wilhelm Salber
(343)

Erich Fromm
dargestellt von Rainer Funk
(322)

C. G. Jung
dargestellt von Gerhard
Wehr
(152)

Alexander Mitscherlich
dargestellt von
Hans-Martin Lohmann
(365)

Wilhelm Reich
dargestellt von
Bernd A. Laska
(298)

Naturwissenschaft

Charles Darwin
dargestellt von
Johannes Hemleben
(137)

Thomas Alva Edison
dargestellt von Fritz Vögtle
(305)

Albert Einstein
dargestellt von
Johannes Wickert
(162)

Galileo Galilei
dargestellt von
Johannes Hemleben
(156)

Johann Kepler
dargestellt von
Mechthild Lemcke
(529)

Isaac Newton
dargestellt von
Johannes Wickert
(548)

Max Planck
dargestellt von
Armin Hermann
(198)

Ein Gesamtverzeichnis der
Reihe *rowohlts mono-
graphien* finden Sie in der
Rowohlt Revue. Viertel-
jährlich neu. Kostenlos in
Ihrer Buchhandlung.